学級遊びの教科書

教師が選んだ

学校で楽しむ
遊びの定番
50+2

奥田靖二【編著】

いかだ社

はじめに

学級遊びの教科書として

まず、子どもたちが「わあ、このクラスは楽しそう！」と思える学級づくりと授業展開は、教師にとって決定的に重要なものです。

●子どもをつかむ

そのためには、子どもたちをパッと引きつける“つかみ”の技術や手だてが必要です。授業のとっかかりとしても、「今日は何を勉強するんだろう」という期待感と興味づけを導入に工夫することが大切です。

●遊びは学級づくりと授業づくりの基礎

勉強という字は「強（し）いて勉（つと）める」と書きますが、子どもたちにとって「強いられた勉め」ではなく、楽しく学ぶことこそ効果的学習への近道なのです。

「わあ、おもしろーい」「えーっ、どうしてー？」「あー、そうか！」

こうした感動や思いこそが、子どもたちの学びの意欲を引き出すキーポイントになるのです。

●「わかるよろこび」のある授業と楽しい学級

学級の中でいわゆる“荒れ”を招く大元には、「分からない」「楽しくない」授業があります。子どもにとって「わかる授業」と「楽しい学級」は最も大切で、「学校が好き」になる中心の課題です。

●子どもたちを引きつける教師とは

①明るい表情
②てきぱきしたわかりやすい口調
③ユーモア精神

の３つがかんじんです。この３つは誰にもすぐ身につくものではないかもしれませんが、「よりよい仕事のための条件づくり」として、学び、積み上げていく課題ではないでしょうか。そして何より子どもたちと共に喜び、成長していく教師であることです。

●教師自身が楽しむ姿勢で

この本に紹介した多くの遊び・ゲームを、まず教師自身が「これはおもしろい」と感じてこそ子どもたちに楽しく伝わります。「教育困難時代」と言われるような現代では、学級づくりの困難さが多くの教師のみなさんを悩ませています。

この『学級遊びの教科書』を参考にして、明るい子どもたちの笑顔や歌声があふれる学級づくりに役立てていただけることを期待したいと思います。

本書に関するお問合せや、実技指導の講師などのご依頼におこたえします。

FAX　042-661-3905　　奥田まで

もくじ

子どもをつかむ

●子どもが“食いつく”ことって？

学級づくりにとっても、楽しい授業づくりにとっても、まず子どもたちの心を「つかむ」ことは必須の教育技術といえます。

「えっ！なあにこれ？」
「どうして、そうなるの？」

驚き（！）や不思議（？）を感じる事柄は、子どもたちの心をつかみます。もっと知りたい・やってみたいという子どもたちの興味をかきたてます。正に学びたいという意欲にもつながって、教育効果も大きいわけです。

●うまい手だてを用意するために必要なこと

しかし、そうそう毎時間うまい手だてが用意できるものではありません。

そこで、この本の多くの例を参考に、教室の子どもたちの実態に合わせてやってみてください。

そのためには
①教師自身がおもしろいと感じられるもの
②教師にも楽しむ余裕をつくること
③具体的な指導のノウハウ
が大切です。

●子どもたちと一緒に遊ぶ

かつて多くの教育関係者によって、「教育は子どもと共に成長できる指導者によってこそ効果的だ」と言われてきました。

「子どもたちと指導者が、ぐるになって生活を喜び合う中にだけ教育がある」との指摘もある通り、私たちは子どもたちと、生活そのものである遊びを共感しながら喜びあう意識が望まれます。

●楽しさは感染する

遊びの楽しさは、教え込むものではなく、まるで風邪のように感染していくものです。指導者の感動が子どもたちに伝わって、共にニコニコ笑い顔になっていくことが望ましいですね。

新しい学級で初対面する子どもたちへの声かけ、授業導入時の「つかみ」――第一声や、子どもたちを注目させる手だてを学び、実践しながら、「自分流」をつくっていきたいものです。

そのための「技量」を磨くことは、教師の「営業努力」ともいうべき姿勢ですね。

あっちむいてホイ!!

「みなさん、はじめまして！　今日から楽しい
○年○組をつくっていきましょう！」
短い自己紹介の後に声をかけて、緊張している
子どもたちの心をほぐしてあげましょう。
新しいクラスの始まりです。

つくり方

1　p10 の型紙を拡大コピーして正方形の厚紙に貼る。
2　表と裏に、12 時と 9 時に指が向くように貼る (色を塗るとよい)。

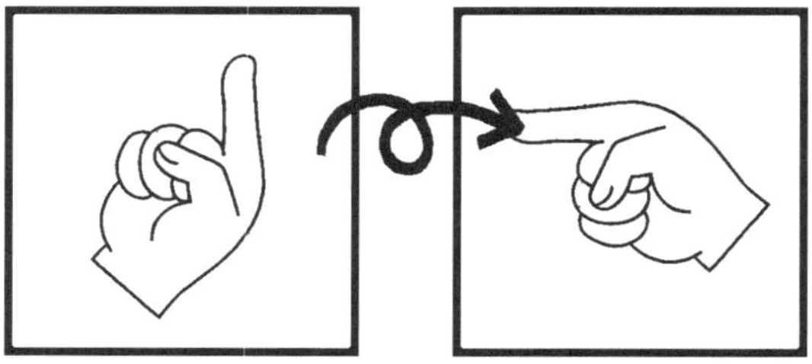

遊び方

指さしカードの対角を上下にして図のように持ち、
指でコマのように回す。

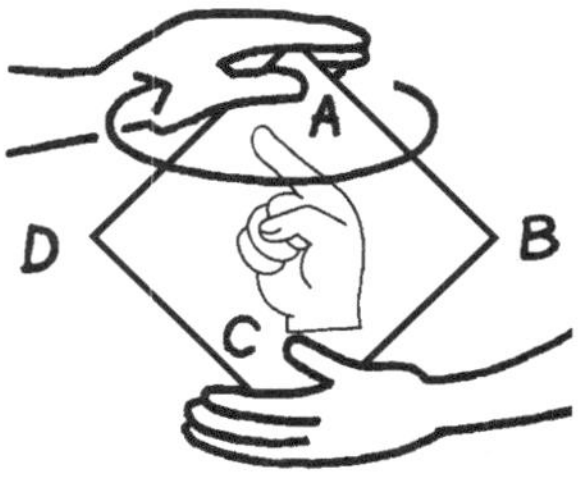

角を持ちかえて回す

無作意に持ちかえてもよい

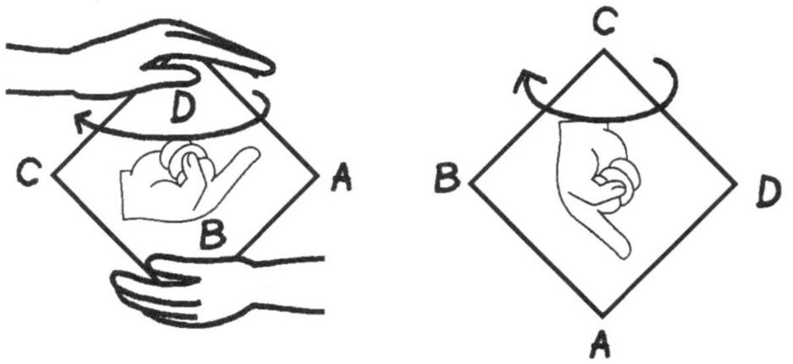

Point

●慣れてきたらスピードアップするとおもしろい。
●みんなでつくって友だちや家族を驚かせてみよう。

1
さて、みなさん これは「あっちむいてホイ」の指さしカードです
うら
は〜い!!
オレ得意!!
2
こうやるんだよ くるっとかえすと…
あっちむいて ホイ!
3
今度は…
あっちむいて ホイ!
じゃあ本番 いくよ!! みんなも指を向けてね!
4
あっちむいて ホイ!!
くるっ
あれ?
5
じゃあ このように 持ちかえて
いいかな?
あっちむいて ホイ!
くるっ
あれ〜?
え〜?

あっちむいてホイ！　型紙

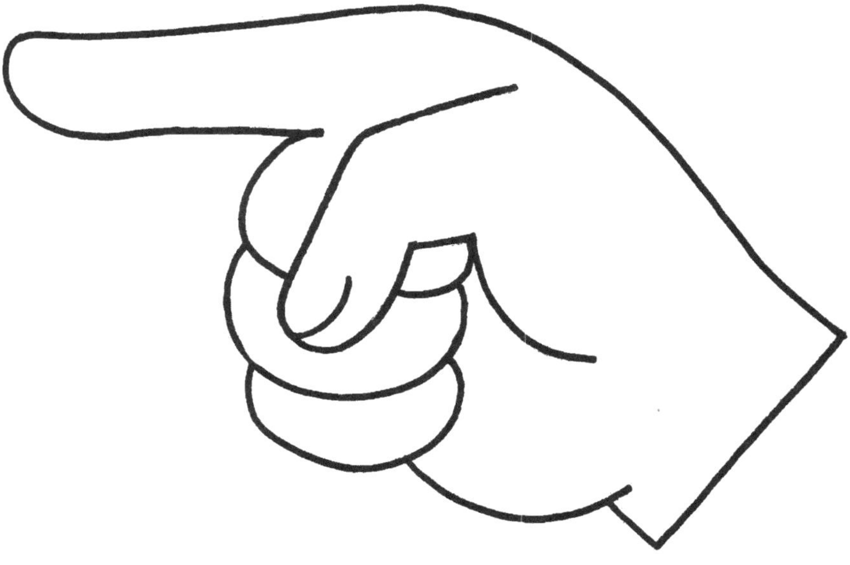

ふしぎ時計　型紙

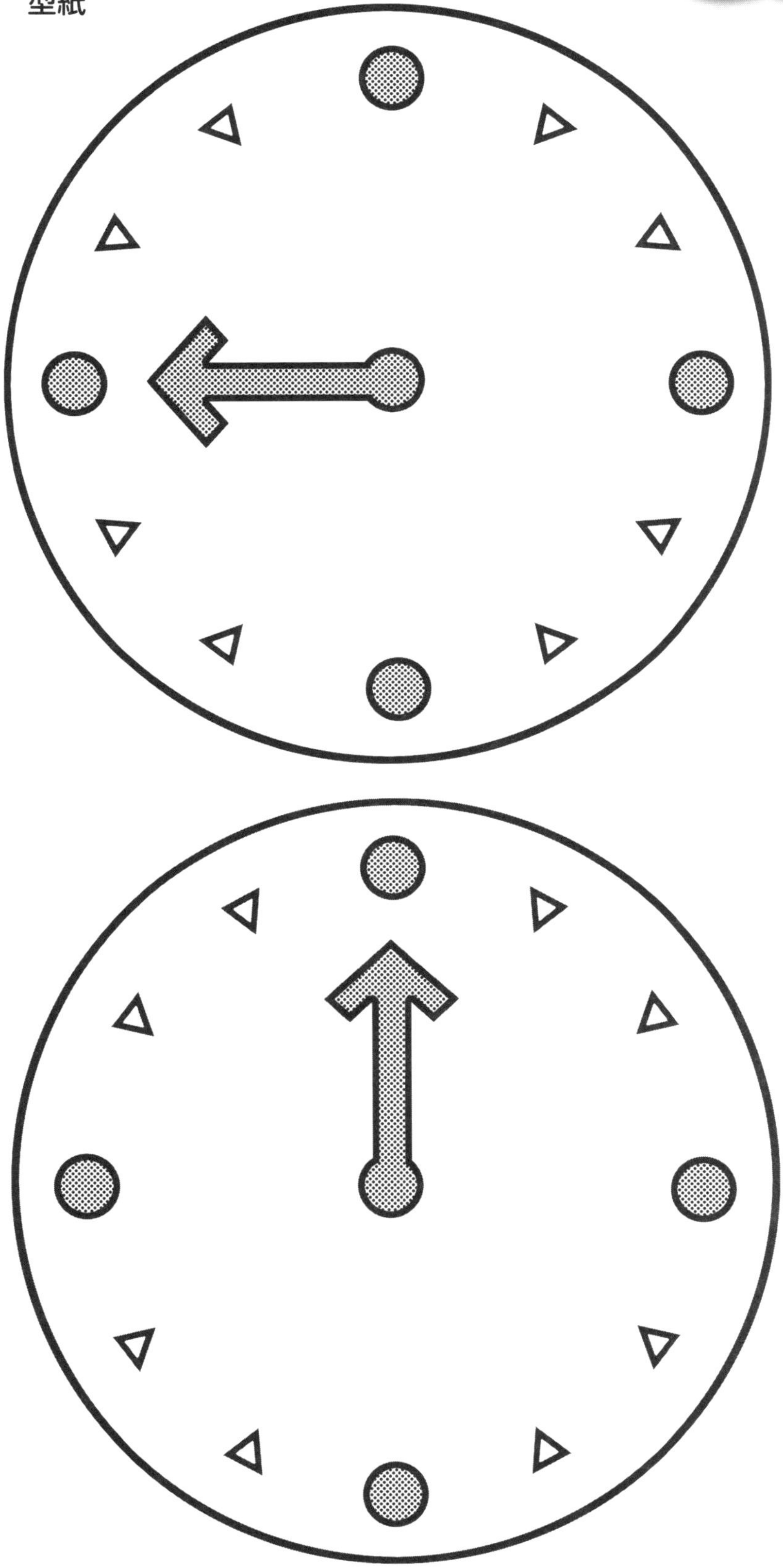

ふしぎ時計

これは「あっちむいてホイ！」（p8）の高学年向けの時計バージョンです。新学期の緊張した雰囲気をほぐしましょう。だんだん早くしていくと、にわかに教室が活気づいてきますよ。

つくり方

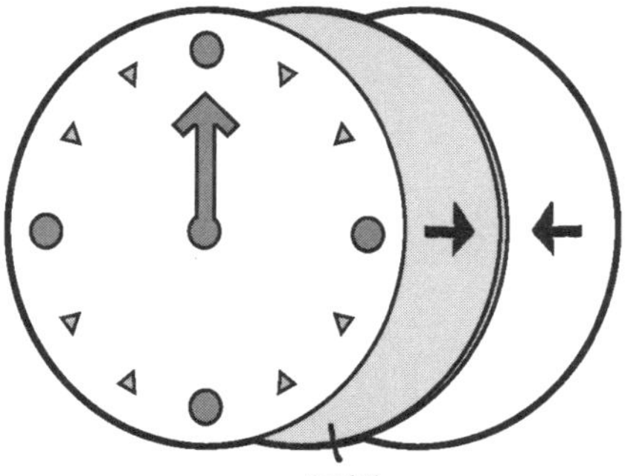

1　p11 の文字盤を拡大コピーして、厚紙の表裏に貼る（表が 12 時なら裏は 3 時をさすように）。

2　文字盤の 12 時・3 時・6 時・9 時の印は同じ色、他の小さい△印には他の色をつける。矢印は色をつけてもいいし、別の色紙などを切り抜いて貼ってもよい。

遊び方

①　表側を観客に向け、3 時と 9 時の部分を両手で持つ（右絵 1）。
②　左手を横に返して、裏の針が 3 時をさしていることを示す（絵 2）。
③　もう一度表を向け、3 時と 9 時の部分を持って上から下に 180° 回転させると、針は 9 時を示す（絵 3・4）。
④　今度は持つ部分を 1 目盛りずらし、2 時と 8 時の部分に持ちかえる（絵 5）。
⑤　子どもたちに予想を聞いてから、3 と同様に 180° 回転させると…、針は 8 時を示す（絵 6）。
⑥　同じようにして目盛りをずらして続ける（絵 7・8）。

Point

●だんだん慣れてきたらスピードアップしよう。
●全員が立って「あっちむいて○時！」のかけ声で続けるのも楽しい。外れた人は座って、最後まで残った人がチャンピオン！

この時計
針が12時を
さしていますね
おなかの時計も
すっかり12時です
どっ
グ～
裏の針は3時を
さしているね
コラ!
おやつの
時間…
さて もう一度
12時の時計
にして…
くるりと
まわすと…
9時ですね
なんで?!
あれ?
じゃあこんどは
12時だった針が
1時をさすと うらは
何時かな?
10時?
10時?
そうかな～?
はなじ～
こらっ
では
まわすよ～!!
くるっ
あれ?
?
ではもう1度
今度は11時に
してまわすと
うらは何時
かな?
1時!!
う～ん
パッ
あれ?
10時だ!!
どうしてこう
なるのかな?
考えてみよう!!
そ～?
ハイ!!
う～ん

消えるティッシュペーパーマジック

マジックは子どもをつかむ効果抜群のアイテムです。
ぜひ先生のレパートリーに加えて下さい。
自分には無理かも……なんて思わずに、まずは
やさしいこのマジックを…。

やり方

① ポケットティッシュを示して、ティッシュを１組抜き取る。

② ゆっくりもったいぶって２枚にはがし、「どちらを使いましょうか？」などと言いながら、使わない１枚は机の上に置く（右絵２～４)。

③ ゆらゆら両手を上下に動かしながら、ティッシュを左手にかける（絵5)。

ポイント　ここで一度みんなに手を見せる。

④ 「まるこめまるこめ…」とおまじないを言いながら、右手の親指・人さし指・中指の３本でまるめていく（絵６)。

⑤ 半分くらいまるめたら、左手をみんなに見せる（絵７)。

ポイント　ティッシュがあることをここで印象づける。

⑥ 左手の親指でティッシュを押さえ、1cm くらい残して右手でちぎりとり、右手のひらに握りこむ（絵８・９)。

⑦ 右手人さし指で左手のＡに押しこむジェスチャー。実際にはちぎったティッシュは右手の中にある（絵 10)。

⑧ 魔法の薬を取りだすフリをしながら、握ったティッシュをポケットに入れる（絵 11)。

⑨ 魔法の薬を振りかけるジェスチャー。残ったティッシュをちぎったように見せて全部抜きとり、前の人に渡すか机に置く（絵 12)。

⑩ 両手に息を吹きかけるおまじないをして（絵 13)、

⑪ 両手を開くと…、消えたようにティッシュがなくなっている！（絵14)

Point

●マジックはタネと共に、楽しいおしゃべりで「ケムにまく」ことも技の１つです。楽しい話術は、授業においても子どもたちを引きつける大事なテクニックですね。

これは駅前でもらった
ポケットティッシュ
です
タダのティッシュです
うまい!
1
こうして
取り出して…
2
ティッシュは1組で
2枚ありますので
こうして分けて…
3
使わない1枚は
机の上に
置いといて…
ハナかんでもいい?
4
まるこめ まるこめ
5
まるこめて…
6
ハイ!! こんなふうに〜
ジャジャーン!
7
もっと小さく
まるこめて…
8
少し残して
プチッ
9
ぎゅっぎゅっ
A
10
そうそう、ここで
魔法の薬を…
おっ
すげー!
11
パラパラ
かけて…
プチッ
ハイ. これ
持っててね
え〜??
みせて〜
12
息を
かけて〜
ふっ
ワク ワク
13
ハイ!
消え
ました!
ジャーン
わっっ!!
14

ウーシュワッチ

教室での気分転換にぴったりのゲーム。子どもたちはたちまち活気づきます。「シュワッチ」はポーズの際のかけ声で、リーダーのポーズにつられたらアウトです。子どもたちが夢中になる変身ポーズで、先生のペースにもっていきましょう。

遊び方

① 全員、立って始める。
② 先生は「ウー」と言って両手を後ろにかくす。
③ 「シュワッチ」のかけ声で、パッとポーズ。右の絵の１、２、３のいずれかのポーズをとる。
④ 子どもたちも先生の「シュワッチ」と同時に、１～３のどれかのポーズをとるように、あらかじめ指示しておく。
⑤ 先生と同じポーズをした子は負け。
⑥ 負けた人には座ってもらい、最後は先生対１人で決勝戦。

Point

- ３つのポーズは、最初にかけ声に合わせて練習しておこう。
- 「シュワッチ」でいっせいにポーズをし、「あと出しはズルだよ」と確認しておきます。
- つられない人には正面で目を見ながら「ウー、シュワッチ！」とやると、つられやすくなります。

【変型バージョン】

「ドラドラドラ」……「ドラえもん」（両耳をおさえる）
（「ドラえもん」には耳がないからね）
「しずかちゃん」（両手を斜め下にスカートの形）
「ジャイアン」（両手でガッツポーズ）
も楽しい。

まず
みなさんも
両手を後ろにして
「ウ〜」と
かまえてね
ウ〜ッ
次に
「シュワッチ！」の
ポーズをする
からね
シュワッチ!!
ポーズ1
ポーズ2
ポーズ3
ビーム!!
どわー!!
まずはポーズ1〜3を
みんなで練習しよう
きまった!!
かっこいい〜!!
今度は先生と
同じポーズをしては
だめだぞ〜
ちがうポーズを
すること！
う〜〜っ
かんたんだねっ
シュワッチ!!
どーん
あっつられたっ
いえ〜い!!
つられない人には
目を見ながらやると…
ギンッ
う〜…
目力
すご〜っっ

ポンパもしカメ

やさしそうでできない、両手を使う手遊びゲームです。
右手と左手を交差させると感覚がちがって、うまく
鼻や耳がつかめません。リズムがかんじんなので、
手でおぼえてしまいましょう。

遊び方

【ポンパ】

① 「ポン」で手をたたく。
② 「パッ」で、左手で鼻をつまみ、右手で左耳をつまむ。
③ もう一度「ポン」で手をたたく。
④ 「パッ」で、右手で鼻をつまみ、左手で右耳をつまむ。

【もしカメ】

① この「ポン、パ」で、「うさぎとかめ」の曲に合わせてやってみる。
② まずはやさしいところから。「もしもしかめよかめさんよ」は、右の絵のように右手・左手は交差させずに行う。
③ 「せかいのうちで」では拍手と両耳をつまみ、
④ 「おまえほど～」では拍手と相手を指さす。
⑤ 「あゆみののろいものはない」では拍手と、両手で鼻と耳をつまみ、鼻と耳を左右に移してつまむ。
⑥ 「どうしてそんなにのろいのか」で「ポン、パ」のポーズをする。(両手は交差するよ)

Point

●指導者はわざと両ほほなどをつまんでみせて、「こんなになってる人いない？」「お鼻はみんな顔の真ん中にあるんだけど」とふざけると楽しい。
●指導者はうまくできるように練習しておこう。

まずは
コレを
覚えて！
ポンパッ
ポン
パッ
ポン
パッ
では
「うさぎとかめ」
に合わせて
やってみよう!!
もしカメ
おーっ!
まずは
やさしく!!
だんだん
むずかしく
なるよ～
ムニュー
両方のほっぺを
つまんじゃ
だめだぞ～
さいしよの
ボンパの
ポーズに
もどるよ～
もし かめ
もし さん
かめ よ
よ♪
せか うち
いので
おま ど
えほ♪
あゆ もの
みの はな
のろ い
い♪
どう のろ
して いの
そん か
なに♪

二拍子三拍子ソング

右手と左手を同時に、別の方向に動かして歌います。
リズム感でおぼえて、自然と手が動くようになれば
いいですね。左右が同方向に動いてしまわぬよう、
リーダーも練習しておいてください。
ちょっとした出し物にも使えます。

遊び方

① はじめは右手を上下に振り、「いち、に、いち、に…」と二拍子をとって「ちょうちょ、ちょうちょ…」（1、2、1、2）と歌ってみる。

② 次に左手で「いち、に、さん…」と三角形をつくって、三拍子で「なのはにとまれ」（1、2、3、1、2、3、1）と歌う。

③ できるようになったら､いよいよ今度は両手同時にやってみる｡「ちょ」は両手をあげておろすところからスタート。

④ 次の「う」は右手上、左手横。以降、右絵を見ながらやってみよう。

Point

●指導者がちゃんと練習しておくことがかんじん。
●一見むずかしそうでも、リズムにのってしまえばコツをおぼえることができます。
●「ちょうちょう」ができるようになったら、アニメのテーマソングや､テンポの早い曲にも挑戦してみよう。「鉄腕アトム」のテーマソングや「ドレミの歌」など、むずかしいよ。
●輪唱でやったり、クラスを２つに分けて向かい合わせでやってみるのもおもしろい。

まずは片手ずつ練習
先生もつられないようやっていこう!!
↑リズム感なし
「ちょうちょう ちょうちょう」
「なのはに とまれ」
さあ 同時にいくよ!!
ちょ う ちょ う
がんばれ〜
ちょ う ちょ う
あれれ?
な の は に
いっしょになっちゃう
と ま れ
できた!
イエーイ!!

命令で集合!!

さあ、どのチームがサッとすばやく集合できるかな？
声をかけあって、協力して行動しましょう。
リーダーは、すばやくみんなに指示を出して
ならべさせましょう。
１チームは７～８人程度に分けます。

遊び方

① ７～８人ずつのチームに分かれる。

② 「命令集合ゲームをします。先生が言った命令の順番に、班ごとにならんでください」
先生の命令どおりに早くならぶルールを説明する。

③ 「はい、背の小さい順に！」
「あ、３班が早いぞ！　しかもまっすぐだ！」
ならんだら、高さと列が一番きれいにそろっている班の勝ち。

④ 「今度は、お誕生日が早い順に！」
「さあ相談して！」
続けてちがう命令を出していく。

⑤ ならんだら、前から順に誕生日を言わせて、正確にならんだ班の勝ち。

Point

●班ごとに集合して早さを競います。
●評価は早さ・態度・リーダーシップのとり方（班長さんの）などで決めましょう。
●「電話番号の大きい順」「学校におうちが近い順」「お父さんの歳が若い順」などいろいろ考えて出すと楽しい。
●教室でやると大騒ぎになるので、体育館などで体育の時間の合間に行うとよいでしょう。
●保護者と一緒のゲームとしてもできます。「お母さんの誕生日の早い順」なども入れるとよい。

命令どおりの順番に 班ごとに並んでねー！
いくよー！
はーい
ハイ!! 背の小さい順に!!
ビシ!!
班ごとに並んでね!!
よっちゃんのまえだよ!!
ワイ
ぼくの方が1ミリたかい
え〜
ワイ
3班はやい！
ズラーーーッ！
まけたー
しかもまっすぐだ！
あ、
はや！
次！
ちなみにぼくは3月12日！
誕生日のはやい順！
2月
ワイ
何月？
ワイ
オレ来月たん生日〜!!
だから？
早〜っ！
かけっこの早い順
学校から近い順
文
お母さんが若い順
楽しいいろいろ命令を考えよう！

学習意欲を高める

●楽しみながら学習にも役立つ遊び

毎日の授業が子どもたちにとって「楽しくない、苦しいもの」になってしまっては、学びたいという意欲を引き出すことはできません。

遊び感覚ででき、それ自体がすでに勉強になっていれば、子どもたちにとっても幸いなことです。

この章では、楽しく取り組めて学習にも役立つ、私が選ぶ遊びベスト10をご紹介します。

●子どもは本来、勉強大好き

子どもたちは本来、「知りたがりや」で「勉強大好き」なものです。入学間もない１年生に「学校で何するの？」と問えば、「べんきょう!!」と答えが返ってきます。

子どもにとっても、大人にとっても、「昨日分からなかったことが今日分かり、今日分からないことが、明日分かるようになるかもしれない」ことは喜びであるはずです。

できた達成感を味わえるような教材、まわりの大人たちに自慢したくなるような、意気揚々とした気持ちになるような教材を指導したいものです。

また、子どもたちを勉強好きにするためには、教師自身が探究心や好奇心旺盛で、学ぶことに喜びを見出せることが大切ですね。

●好奇心、探究心を生かす学び

歴史上のあらゆる学問も文化も、人間の好奇心や探究心があってこそ発展してきました。子どもたちも「宇宙のはじっこはどこ？」とか、「人間の最初はだれ？」などと疑問を持ちます。偉大な科学者も、この「なぜ？」から出発したはずです。

「ねえねえ、こんなこと知ってる？」と友だち同士が言葉を交わしあう教室づくり、「それなら、これはどうして？」ともっと知りたくなる授業づくりができたらいいですね。

●何でも質問コーナー

時折「何でも質問コーナー」を 10 分間くらいつくるのもひとつの方法です。

子どもたちから出てくるいろいろな疑問・質問に、「今の科学で分かっていること、まだ解明されていなくて、これは君たちがこれから解き明かしていくもの」と簡単な解説をしてあげます。

時間ぴったり当て

時計の文字盤から子どもが選んだ数字を
ピタリと当てる遊び。
「言ってないのに、なんでわかるの？」 そのふしぎさに
子どもたちは食いついてくるでしょう。

遊び方

① 「時計の文字盤の1～12の中から、好きな数字を1つ選んでください。声に出さないでね」
時計を示し、子どもに好きな数字を選んでもらう（例：「9」）。厚紙に文字盤を書いたものを代用してもよい。

② 「この棒で順番にコツコツと文字盤をさしていきます。そのリズムに合わせて、選んだ数字から数え始めて、20まで数えてください」

③ せーのでスタート。先生は文字盤を順番に1つずつ、一定のリズムでさしていく。スタートと同時に子どもは選んだ「9」から数え始め、10・11と声に出さずに数えていく。

④ 最後の20のところは、「20」のかわりに「ストップ」と声をかける。

⑤ 「はい、今私が棒でさしている数字がきみの選んだ数ですね」
止まった棒がさしている数字は…なんと子どもが選んだ「9」！

たねあかし

数え始めの数字と進む方向がポイント。
棒で文字盤の「8」をさすところからスタートし、時計と逆まわりに1つずつさしていく。「ストップ」がかかるまで順番に。
「9」を選んだとすると

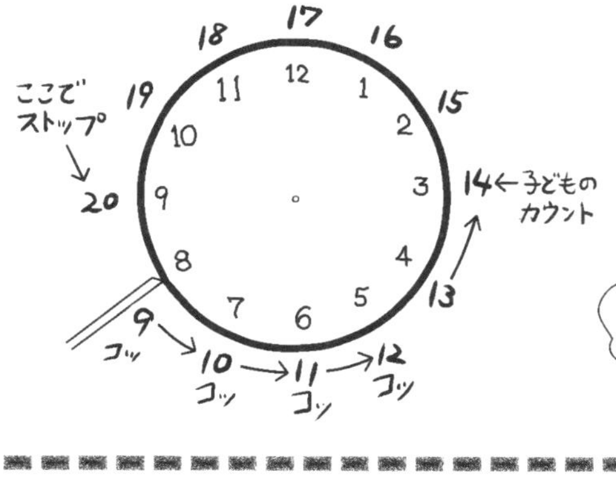

好きな数字を１つ選んで。
声に出さないでね。
はーい
9
文字盤を１つずつ順番にさしていくよ。
リズムに合わせて、選んだ数字から数え始めて、20まで数えてくれる？
コッ
コッ
ほむほむ
最後の「20」のところで
「ストップ」と言ってね。
ストップ以外は声に出さなくていいよ
どーゆーこと？
たとえば「9」を選んだなら
スタート
先生の棒さし
コッ コッ コッ‥‥コッ コッ
子どものカウント
9 10 11 ‥‥19 20
ここで「ストップ!」をかける
先生の棒さしと同時に、9から数え始めるんだ。そして、20を数えるところでストップって言うんだよ。
わかった？
なーるほどー
ではいくよっ
せーの
コッ コッ コッ
9.10.11
‥‥‥
18．19
(20)
ストップ!
今さしている数字が、きみの選んだ数字だね？
じゃ〜ん
えーっ
なんでー

暗算の天才？スピード計算術

子どもたちの前で、5行ある6ケタの数字をあっという間に計算してみせます。みんなはビックリ！算数の授業にも熱が入ります。ちょっとしたコツ（たね）さえ知っていれば、どなたでもできますよ。

遊び方

① 1人の子に6ケタの数字を言ってもらい、黒板に書く（Aくん）。
② もう1人選んで6ケタの数字を言ってもらい、黒板の2行目に書く。(Bさん)
③ 次は先生が6ケタの数字を3行目に書く。
④ 3人目の子を選んで数字を言ってもらい、4行目に書く（Cくん）。
⑤ 最後にもう一度先生が6ケタの数字を5行目に書く。
⑥ 「5つの6ケタの数字を、10秒以内にたし算して答えてみせます」と宣言して、サラサラッと答えを出すと、子どもたちはビックリ！

たねあかし

【例】

Aくん	357583 ←	2つたすと
Bさん	734605	999999
先生→	642416 ←	
Cくん	593873 ←	999999
先生→	406126 ←	

① 先生が書く時、Aくん・Cくんとの数字の合計がおのおの999999となる数字を書く。
② 「Aくん＋先生」「Cくん＋先生」、この2つの合計は999999＋999999＝1999998となり、2000000より2少ない数になる。よって最後の合計では、2000000にBさんの734605から2を引いた数を加えればよい。

●もし、999999など同じ数字ばかりの数を選んだら、「これは計算するのにやさしすぎるから、もっと数字がバラバラのがいいよ」と言うとよい。

私は暗算では天才的な力を持っています。
まず、6ケタの数字をだれかに言ってもらいます。
えっへん
じゃあAくん
357583！
じゃ黒板に書いておこう
もう1人、Bさん
357583
734605！
はいはい73万…だね
3つめは私も書こう。どんな数字にしようかな。
357583
734605
642416
642416にしよう
さて次は…C君どうぞ
593873！
ほうほう 最後は私が…
そうだなぁ 406126としよう
642416
593873
406126
さて、みなさん、
この5つの6ケタの数字を、10秒以内にたし算して答えてみせましょう。
357583
734065
642416
593873
+406126
カウントダウンしてね！
よーい スタート！
えーっ できるの〜
ちょちょいのちょい…
593873
+406126
27
サラサラサラ
10
9
8
7…
357583
734605
642416
593873
+406126
2734603
2・1・0！
はい、できあがり!!
たしかめてみるかい？
天才と言っただろう？
合ってる!!
すごーい！

じゃんけんたし算

では、今度は「スピード計算術」(p28) より
少しやさしい「じゃんけんたし算」をやってみましょう。
最初は先生と子どもで練習しますが、慣れてきたら
子ども同士でやってみます。うかうかしてると先生も
子どもに負けてしまいますよ。頑張って！

遊び方

① じゃんけんのルールを伝える。
パー＝10　グー＝5　チョキ＝2

② 2人が向かいあい、「じゃんけんポイポイ」のかけ声で左右両方の手を出す。右と左が同じでも違うけんでもよい。

③ 右絵3の場合、パーは10、チョキは2が2つで4、グーが5で合計は19になる。すぐ4つの数字をたし算して、早く正解を大きな声で言った方が勝ち。

④ はじめに何度か練習してから行うとよい。

⑤ 勝ち抜き戦にして、最後に残った人がチャンピオン。

Point

●大きい方から小さい方をひく、じゃんけんひき算もやってみよう。
●大人もうっかりすると負けます。必勝法は、自分の出すけんをあらかじめ決めておくといいかも。
●【低学年向きアレンジ】
2人組で「じゃんけんポイ」の1回だけでやる、1人ふやして3人で1回やる、などするとよいでしょう。ひき算も同様にして、大きい方から小さい方をひきます。
【高学年向きアレンジ】
じゃんけん1回でかけ算もできますね。3人でかけ算ならもっとむずかしくなります。
(例：5 × 2 × 10 ＝ 100)

じゃんけんたし算
ルールはこちら
10
5
2
パー
グー
チョキ
両手をポイ、ポイと片方ずつ出してジャンケンするよ。右と左は同じでも違うけんでもいいからね。
まず練習してみよう
ほむほむ
じゃんけんポイポイっ
この場合
パーは10　チョキは2が2つで4　グーは5
合計は19ですね
すぐに4つの数をたし算して、早く答えを言ったほうが勝ちだよ。
じゃ本番〜。まず先生とAくんで。
じゃんけんポイポイ
えーと…
ぬおっ
はいっ先生のかちー
27
みんなも2人組でやってみよう。
じゃーんけんポイポイっ
う！
10たす…
わいわい
19
大きい方から小さい方をひくひき算もできるかな？
となりの例では12-7＝5になるね。

ふしぎ四角計算

数のふしぎさ、算数のおもしろさに気づかせる遊び。
数が多いと１つひとつの計算が大変なので、
学年に合わせて数字は２ケタ、３ケタにします。
朝の自習にもいいですね。

参考／岩手・胆沢地区民教連機関紙より

遊び方

① 正方形の４つの角に、どんな数字でも適当に書く。

② 一辺上の（となりあう）２つの数字の大きい数から小さい数をひく。
73 － 38 ＝ 35

③ ほかの３辺についても同じようにひく。
56 － 38 ＝ 18
56 － 45 ＝ 11
73 － 45 ＝ 28
答えを各々その辺のまん中に書き、点を結んで線をひく。

④ 同じように、新しくできた４辺についても
18 － 11 ＝ 7
28 － 18 ＝ 17
35 － 28 ＝ 7
となり、また線で結ぶ。

⑤ 何度かやっているうちに、ひき算の答えは全部同じになっている。

⑥ 最後は、10 － 10 が４つになり、みんなが０（ゼロ）になってしまう。

Point

●最初の４つの数字はどんなものでもできる。学年に応じて数の大きさを決めよう。

●０になるまで四角がいくつできたかを予想して、勝ち負けを決めるのもよい。

●最後に０にならない場合は、どこかで計算違いをしているはず。確かめよう。

1
大きな四角を書いたら、
その四すみに１人２つずつ、
２ケタの数字を書いてね。
38
73
ぼくは 38と56
私は73と45 にしよーっと
56
45
２人１組で
2
となりあう２つの数の
大きい方から小さい方
をひいて、その答えを
まん中に書いて。
かいたかなー
38
35
73
18
28
56
11
45
その数字を線で結んで
もうひとつの四角を書こう。
3
同じように、中の四角も計算して
数字を書こう。
38
35
73
17
7
18
28
7
17
56
45
4
どんどん同じように
計算していこう。
17
10
7
0
0
10
10
0
0
7
10
17
おや？
最後はどこも 0になった！
5
0にならない
場合はどこかで
計算まちがいを
している。
ハッハッハッ
朝の自習でも
となり同士で
できるよ。
へぇ～
6
他の数字でも
0になるの？
ファイトだ
他の数字でも 同じように0になるよ
ふしぎだね
よーし やってみよう

電卓で遊ぼう

電卓を使って、楽しい学習遊びができます。
2つ紹介しましょう。これらもまた、
数や計算のふしぎさ・楽しさが子どもたちの
興味をかきたてるでしょう。

遊び方 【同じ数字よ、ならべ !!】

① 「電卓にあらかじめ、魔法をかけておきます」と言って、1、2、3、4、5、6、7、9を打つ（8だけ打たない）。
② 相手に、1から9の数字の中で好きな数字を思いうかべてもらう。
③ 「その数字に9をかけてください」と言って、暗算してもらう。
④ 「その数字を『×○○』と打ってください」
ここで相手に電卓を渡して、暗算した数字を打ってもらう。
（例：選んだ数字が「7」なら7×9＝63なので、「×63」と打つ）
⑤ 「それでは最後に『＝』を打ってください。どうですか？」
電卓にはあなたの思った数字がズラーッとならんでいる。

遊び方 【年齢も生まれ月も当てる？】

① 電卓を相手に渡して、次の順で数を打ってもらう。
　1　まず、あなたの生まれた月の数×2と打ちます。
　2　それに＋5です。
　3　それに×50です。
　4　それにあなたの年齢を＋してください。
　5　最後にその数から－250してください。
　6　「＝」を打って、答えの数字はいくつですか？
② 電卓には、打った人の生まれ月と年齢が表示される。

Point

- 5・6年生なら、クラスいっせいに各自、紙で計算してもらってやると、全員当たります。当たらなかった人は計算間違いなので、黒板で計算するとよい。
- 子どもたちに、まわりの大人の人に試してみるよう、すすめよう。

たねあかし

【例】5月生まれ25歳の人の場合
① 5×2＝10
② 10＋5＝15
③ 15×50＝750
④ 750＋25＝775
⑤ 775－250＝525
（5 → 生まれ月、25 → 年齢）
10歳以上の人なら誰でも当たります。

1
職員室にて
センパイ、楽しい算数遊びって何かないですかね。
これが電卓
ちなみに……これは洗濯
かわいい後輩に電卓を使った遊びを２つ授けよう。
2
チョチョチョン プイプイのプイ！
電卓にあらかじめ魔法をかけておく。
パチ パチ
？
3
１～９の中で好きな数字を思いうかべて。
7
4
選んだ数字に「9」をかけた数を暗算して。
ハイしました
7×9 =63
5
暗算したその数字を「×○○」って、これに続けて打って。
ハイ ×63っと……
6
では、「＝」を打つとどうなる？ はい、どうぞ！
すご～い 当たった！
7
続いて！ 年齢も生まれ月も当てる
アラ、今度はどんな遊びかしら
ハイッ
8
では順番に押していって
① あなたの生まれ月の数×２と押す
② それに＋５
③ それに×50
④ それにあなたの年齢を＋する
⑤ 最後にその数から－250
はい
パチ パチ
9
最後に「＝」を押すと、答えは？
525です。
何ですか？ この数字
10
ズバリ!!
５月生まれ 25歳だね。
ホントっすか 来月プレゼント贈ります
女性の年齢をばらすなんて～
当ってるけど…

倍々計算ですごーい数に！

数字ってふしぎですね。たとえば１＋１＝２ですが、
それを２倍して「2 × 2 ＝ 4」「4 × 2 ＝ 8」と
どんどん倍にして計算していくと……。

やり方

右絵のお父さんが安請け合いした「倍々お年玉」の計算は次のようになる。（例：1 月＝ 31 日で計算）

1 週間め　1 円→ 2 円→ 4 円→ 8 円→ 16 円→ 32 円→ 64 円（合計で 127 円）のように計算していくと、2 週間めは 8192 円。

15 日	16384 円	23 日	419 万 4304 円
16 日	32768 円	24 日	838 万 8608 円
17 日	65536 円	25 日	1677 万 7216 円
18 日	13 万 1072 円	26 日	3355 万 4432 円
19 日	26 万 2144 円	27 日	6710 万 8864 円
20 日	52 万 4288 円	28 日	1 億 3421 万 7728 円
21 日	104 万 8576 円	29 日	2 億 6843 万 5456 円
22 日	209 万 7152 円	30 日	5 億 3687 万 0912 円
		31 日	10 億 7374 万 1824 円

これを全部合計すると、21 億 4748 万 3647 円になる。

Point

- 1 日めと 2 日めで 1 円と 2 円もらって合計 3 円となり、3 日めでそれに 4 円加えて計 7 円になります。つまり、その日の額を 2 倍して 1 を引いたものがその日までの合計額になるのです。だから 31 日の（10 億……円× 2）－ 1 が、1 月の総合計ということになりますね。
- お金の代わりに、1 円をお米 1 粒にして計算してみよう。31 日分のお米ってどれくらいの重さになるだろう？

1
おとーさん、今年のお年玉は1日1円でいいよ。
いい子でしょう?
2
でもね、2日には2円、3日には4円、4日には8円…と倍々にして31日までくれないかなあ。
いいでしょ?
3
へえ、すると、5日は16円、6日めは32円、1週間めでも64円ってわけ?
そーだよ
いいかも…
4
一週間後
今日は1月8日で128円、明日は256円。今年は少なくて済みそうだなあ。
いい息子だ
パチ
5
二週間後
10日め　512円
11日め　1024円
…
2週間め　8192円
ん?
ちょっと待て…
6
20日めでは…
…
25日めでは…
…
31日め……
10000
7
10億超!?
8
どうだ――
エッヘン
まいりました〜

おもしろ問題に挑戦

身近な題材や想像を働かせる算数クイズも
子どもに人気があります。ここでは2つの例を
ご紹介します。他にもたくさんの楽しい算数クイズが
ありますので、子どもの興味をひきつける教材を
たくさん取り入れましょう。

遊び方 【あとの100円はどこへ行った？】

① これはちょっとした数字トリックの問題です。
1人の差し引き支出900円の3人分＝2,700円の中に既に200円分のバナナ代金が入っているのに、それを重ねて計算するというトリックでふしぎさを感じさせます。

② 「やさしい計算問題です。3人の女の人が、友だちのお見舞いに3,000円のメロンを買うことにしました。1人1,000円ずつ出したら500円おまけしてくれました」というように問いかけます。

遊び方 【地球にロープを張ったら何メートル？】

① 地球の直径をメートルに換算して計算してみましょう。
40192000m × 3.14の答えと、直径が2m分だけふえた40192002 × 3.14の答えを比べてください。たった6.28 mだけ長いロープが必要ということになります。

② 「地球って1周すると4万km以上もあるんだって。ところで、この地球にぐるっと鉢巻きみたいにロープを張るとしたら…」と切りだします。

Point

● 「あれーっ、どうして？」とか「えーっ!?」という反応を呼ぶように、意外性を引き出す語り口を心がけましょう。少しだけ大げさに「あらあら、あとの100円はどこへ行った？」と言ったり、「運動会の時や工事の時に張るロープのように」と具体的なイメージをつけて話しましょう。

あとの100円はどこへ行った？
3人で1000円ずつ出し合って買い物をしました。
みんなで食べましょう
1000
1000
高級メロン
¥3000-
そーい
500円おまけだ！
まー 私のミリョクかしら
わあっ
500円おまけしてもらいました。
じゃあまず100円ずつ戻そう
よかったねー
そして残りの200円でバナナを買ってと
最初1000円出して100円もどってきたから、ひとり900円というわけね。
200-
すると3人で900円×3＝2700円
バナナの200円をたすと2900円
あらら？あとの100円はどこへ行ったの？
この計算、どこが変ですか？
地球にロープを張ったら何メートル？
地球の直径は約12800km。地球一周は直径12800 km × 3.14で約40192km。左の絵のように地球にロープを張ったとしたら、ロープの長さは40192kmだね。
ところで、地球の上に1mの杭を打って、その上にロープを張ると、はたしてロープは40192kmよりどれくらいたくさんの長さが必要だろう？
1m
そりゃ、倍くらいいるんじゃないの？
100kmくらいかしら？
さて、あなたはどう思う？

コイン置きかえゲーム

ちょっと自慢できるコイン置きかえ遊び。
子どもの前でやってみせれば、「やってみたい！」と
目を輝かせます。少々難しく思えますが、
秘密の「キーワード」を知っていればすぐできます。

遊び方

【入門編】 コイン６個

① 最初はやさしいコイン６個でやってみる。
② 10 円玉・100 円玉を３個ずつ、右絵２のようにならべる。
③ 右絵５のルールとヒントで動かし、２種類のコインが互い違いになるようにならべかえる。

【上級編】 コイン 10 個

① ルールは同じで５回で完成させる。
② 動かし方・ならべ方は以下の通り。
キーワード……**「1、3、4、1、右、左、右、左」**をおぼえておく。

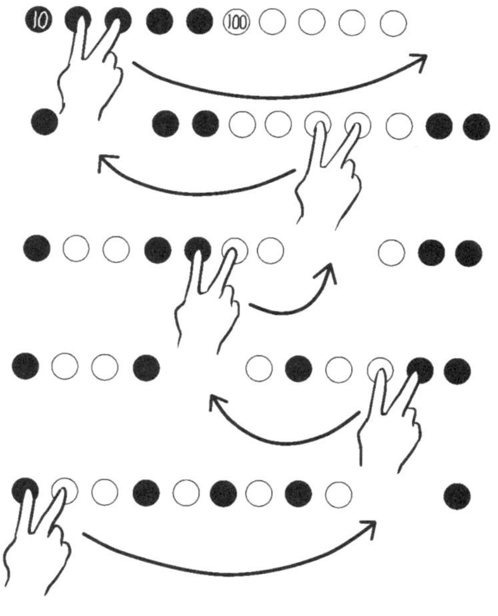

キーワードの意味

① **1** 枚残して**右**へ

② **3** 枚残して**左**へ

③ **4** 枚残して**右**へ

④ **1** 枚残して**左**へ

⑤ そして最後は、左の２枚をあいたところへ移動させて、うめればできあがり。（最後はキーワードにしなくても必然的に完成できる）

Point

●上級編は大人でも難しい。でも、キーワードをおぼえておいてスイスイとやってみせ、「あなたもどうぞ」と言えば、５回の手順はおぼえきれないので相手はギブアップです。

1
私はコイン置きかえの天才
ミスユニバースじゃないのよっ
2
まずはやさしいコイン 3 個から。
こうして 10 円玉と 100 円玉を
3 個ずつならべたものを…
3
2 本の指 (チョキ) で、2 個ずつ移動させて、
3 回で 10 円・100 円が互い違いになるようにならべかえるよ。
4
おーっ
すごーい
チョチョイのチョイ
5
ルールはこうだよ
① 一度にとなり同士を 2 個動かせる
(左右を移動中に逆にはしない)。
② せまい隙間には割りこまない。
③ 3 回目の完成では隙間なくならんでいること。
これはやさしいから
ヒントだけでやってみて。
① 1 回目は左の 2 つを移動
② 3 回とも右へ移動
6
わー、できた!
オレにもできたぜっ
うん うん
7
さあ、では難問の 10 個のコイン置きかえです。
動かし方のルールは同じで、5 回で完成だよ。
できるかな?

フラッシュクイズ

文字をバラバラにならべた文字盤を見せて、
正しい言葉にならべかえる遊び。まずはやさしく
10 秒見て慣らし運転。次はいよいよ 1 秒だよ。
子どもが食いついて集中してきます。

用意するもの　画用紙

遊び方

① 画用紙をたて半分くらいにした長方形の紙に、単語の字をならべかえて書く。字は大きくわかりやすく。

② “うどんぱぶ”など、一瞬「何のこと？」と思わせる単語をさがそう。もちろんこれは文字をならべかえて“ぶどうぱん”と読む。

③ まずは文字カードを 10 秒間見せてから隠し、ならべかえたら何と書いてあるか当ててもらう。少しむずかしい単語なら 15 秒にしてもよい。

④ 慣れてきたら、文字カードを示す時間をだんだん短くして、「今度は 1 秒だよ」と集中させる。

⑤ 他にも“ごんり”“ルプッナイパ”など、さかさ読みをフラッシュクイズで答えても遊べる。

⑥ 3 年生以上なら、「九九カード」や「5 × 1000」「500 ÷ 2」といった暗算で答えられる計算カードも楽しい。「1000 × 1000」などすぐ「100 万！」と答えられる子がいたら、「すごーい！」「算数の天才！」などとほめてあげよう。

Point

●この学年ではまだ習っていない字も、子どもたちが興味を持っている人名や、なじみの地域の町の名前など、低学年でも答えられる子がいるので盛り上がりますよ。
●学年に応じてフラッシュクイズにしてやると、子どもは集中して答えます。

フラッシュクイズのカードを見せるのは 10 秒間だよ。
字をならべかえて、なんて書いてあるか当てよう。
まずは優しい言葉から・・・・
まずは
●ならべかえフラッシュクイズ
1
はいっ
1,2,3……9,10
とまうるらん
2
そう、うるとらまんだね
ウルトラマン
カンタン
カンタン
とまうるらん
3
ではつぎ
うどんういか
そらあめみん
うどんぱぷ
わかった
?
4
これは難しいぞ
（これは 15 秒で）
まんいんでんしゃ
いしゃんでんまん
グループで問題を出しあおう
5
では今度は 1 秒だよ！
漢字
●1秒フラッシュクイズ
給食
怪獣
白鵬
新宿
パッ
パッ
パッ
パッ
たった1秒
パッと裏に向けてもよい
6
●計算フラッシュクイズ
これも1秒
5＋8
13－6
7＋8
わい
わい
学年に応じてクイズにすると集中します。
7

アルミ缶ボコボコ大実験

理科の空気の実験で実演したい教材です。
目の前で空き缶がつぶれる光景は子どもにも印象的で、
自然のふしぎさ・科学のおもしろさを体感できます。
これは教師実験として先生がやってみせます。

用意するもの

空き缶（アルミ製の500mℓ缶や2ℓボトルが効果的）
空き缶ばさみ（金物ばさみ、または針金ハンガーで自作する）
カセットガスコンロ　軍手　水槽

やり方

① アルミ缶に水を少し入れる（底から5mmくらい）。絶対にフタはしないこと。
② ガスコンロに缶をかざして熱する。
③ 缶の口から湯気がさかんに上がってきたら、すばやく缶をひっくり返して、水槽の水中に口を沈める。
④ 「ボコボコン！」と、缶は一気につぶれる。
⑤ つぶれた缶を子どもたちに見せる。
⑥ もし給食室から空の一斗缶を借りることができたら、同様にやるとよりダイナミックな実験ができる。この場合は、湯気がたくさん出てからふたをしめて、濡れぞうきんの上に置く。

参考：この実験は、開発した岡山教育センターの高見寿先生にちなみ、「タカミ式空き缶つぶし」と命名されています。『ものづくりハンドブック4』「楽しい授業」編集委員会編（仮説社）を参考にさせていただきました。

Point

●熱湯がまわりに飛んだりしないよう、子どもたちを実験場所から1m以内に近づけないようにします。
●家では絶対にやらないよう子どもたちに注意しておきましょう（教室で教師が手を添えるなど安全に注意した上でさせるのは、子どもにもインパクトが伝わるのでよいでしょう）。

今日は、この缶を使っての実験です。
BEER
おいしかった
これは、この実験のために先生が「無理して」買ったビールです。
中身を捨てるのはもったいないので、昨日の夜に飲んでカラにしてきました。
1
まずはアルミ缶に水を少し入れます。
水
フタはしちゃダメ
0.5mmくらい
2
ガスコンロに缶をかざして熱します。
ねじってとめる
BEER
3
湯気がシュンシュン上がってきたら…、すばやく缶をひっくり返して、水の中に口を沈めるよ。
こうして
BEER
4
つぶれた！
おーっ
5
さあて、この缶をつぶした犯人はいったいだれだろうね～？
6

子どもを集中させる

●指導者に集中、取り組みに集中

何ごとにも夢中になって取り組める子どもたちになってほしいですね。そのためにはその「夢中になれるもの」が必要です。

この章には「つくってあそぶもの」をいくつか紹介しています。中にはかなり集中して取り組まないとできないものもありますが、楽しく、できた時には「やったあ！」という達成感を味わえます。大人がやってもちょっと大変というものもありますよ。

子どもたちの視線を、指導者である教師に集中させるゲームも時おり必要でしょう。少し勉強に飽きて、ザワついてきた時などに効果的です。

●パズルも楽しい

ナンバープレース（ナンプレ）という算数パズルは、今や世界の多くの国の新聞紙上や雑誌に載っていて、愛好者も多いようです。中高年の人に特に人気の「脳トレ」と称するパズルも、数年前からよく見かけます。

教室でも、子どもたちと楽しめ、集中して取り組めるゲームやパズルを一緒にやってみましょう。

●指導上のアドバイス

集団ゲームでは指導者のリードが決定的です。

指導のポイントとして、以下の要素があげられるでしょう。

① 説明はわかりやすく短めに。

② 指示の動作は、大きくやや大げさにして、ジェスチャーを取り入れてやる。

③ ゲームの展開は、臨機応変に長短を判断する。

④ 評価を肯定的にして「またやりたい」という思いにつなげる。

●ユーモア精神も大事な技量

毎日の学校と学級が楽しいと感じられるためには、教室に笑いが必要です。ユーモアは個人個人「もちまえ」のものがあり、「修業」は簡単ではないかもしれませんが、この本で紹介するネタを使って、大いに子どもたちと楽しんでほしいと思います。

ニョロニョロどじょう

子どもたちが手と手をふれあって遊ぶゲームです。
リーダーのかけ声に「キャッ」とよろこぶ声が出るでしょう。輪になって座ってもできるし、横にならんでいる時にもすぐできます。

遊び方

① 輪になって座る（横１列にならんでも可)。

② 右手を隣の人の胸の前に出す。

③ 左手の人さし指を隣の人の手のひらの上に立ててのせる。

④ リーダーが「ニョロニョロ…」と言ったら、指で相手の手のひらをコチョコチョとくすぐる。

⑤ 「どじょう！」のかけ声で隣の人の指をつかみ、人さし指はパッと上にあげて逃げる。

⑥ 左右の手をかえてやる（左ききの子もいるので)。

⑦ 低学年の場合は、つかまえる手は軽く握る「つぼ」の形にしておいて、そこに指をさしこんでスタートしてもよい。

Point

- 「ニョロニョロ…**ニョロッ！**」というようにわざと強く言ってフェイントをかけます。「まだまだだよ、どじょうで逃げてください」と笑いをとりましょう。
- 「ニョロニョロ…」と言う回数はかえてやります。
- 手のひらにキャンディをのせて、「キャッキャッ…キャンディ！」でパッとつかんで取るのもおもしろい。「キャッキャッ…キャット！」などのフェイントもできますね。

みんな、
輪になって座って～！
さあさあ
そう
そう
こう？
マズい
おくれた～
アセアセ
右手を隣の人の
胸の前に出して。
左手は人さし指を隣の人の右手のひらの上に立ててみて。
できたかな？
人さし指はどじょうです
わし？
「ニョロニョロ」と言ったら、手のひらの上で人さし指を動かしてね。
ニョロ ニョロ…
くすぐったい
どうだ
次に「どじょう!!」と言ったら、左手の人さし指を上にあげて逃げて、右手は隣の人のどじょうをつかまえてね。
あっ
サッ
ぎゅっ
右手はつかまえたら勝ち、
左手は逃げたら勝ちだよ。
ではいくよー
よーい
ニョロ
ニョロ
ニョロ…
どじょう！
わ
ダメだ
エイッ!!
もう一度いくよー
ニョロニョロ….
ニョロ！
先生ずる～い
ひっかかった～
フェイントもおもしろい
あはは
「ニョロ」じゃ、逃げてもつかまえてもダメだよ。
はーい、
ニョロニョロニョロ…
どじょう!!
今度は、右手左手をかえてやってみよう。
手のひらにアメをのせてパッと取る遊びも楽しいよ！

あやとりの輪抜け

左右の指を１本ずつ残して、かけた輪をポロッとはずすことができますか。あなたの手と指の技が決め手です。このような「名人技」をレパートリーにしておくと、「先生すごい」と子どもの目が輝きます。

用意するもの　細めのひも（たこ糸や太い毛糸も可）…約 1.2m
リング状のもの（セロハンテープの芯など）

遊び方　**演じ方の例**

① あやとりひもにリング状になったものを通す（相手に指で輪をつくってもらってもよい）。
「このようにリングにひもが通っています。振っても落ちません」

② 右ページのやり方でひもを指ですくい、パッと広げると、輪はスルリととける。
「こうしてどんどんひもをすくっていくと……、はい！　指からひもがはなれていないのに、リングがはずれました！」

③ 左右同じ指を残すと、リングにからまって抜けないからふしぎ。

④ 相手に指で輪をつくってもらい（右絵④）、「親指と人さし指をはなさないでね」と言ってやるのもおもしろい。

⑤ 「あなたもやってみてください」と同様にしてもらってもよい。「左右の手の指それぞれ１本は、はずさないでね」

Point

- ●左手の親指と右手の中指のひもを残して、他の指のひもをすばやくはずせるよう練習しましょう。（手の感覚でできるようになるとよい）
- ●輪にするものはコーヒーカップの取っ手、栓抜きなど身近なリング状のものでもできます。

きゃっ
きゃっ
あやとりか。ぼくもまざりたいな。
あやとり女子部と仲よくなりたいそんなラブリーなキミに、いいものを教えちゃおう！
コノコノー
あなたさまは…
したっ
ニャ
これは「あやとりの輪抜け」といって、ひもに通した輪っかがスルリと抜けるマジックあやとりなのだ！
たくみのワザ
おー
こうして
こうして
ちゃ
ちゃ
ちゃー
ほけー
ホレ
ポローン
すごーい！はずれた。教えてください。
ところであなたは……
〇〇くんすごーい
きゃあ
いやあ
キミもやってみないか？やり方はコチラ。
がんばれ少年

① ひもにリングを通し、あやとりの基本形にとる。

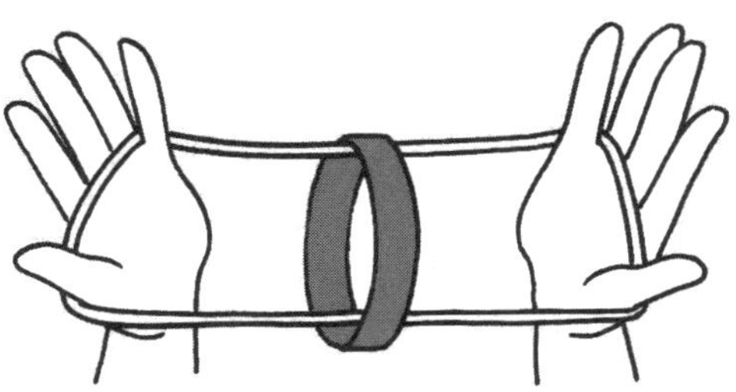

② 右手の中指で、左手のひもをすくう。

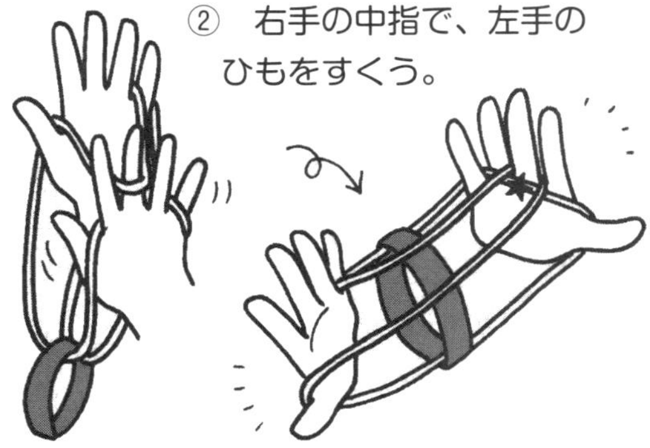

③ 左手の中指で、右手の中指のひも（★印）をすくう。

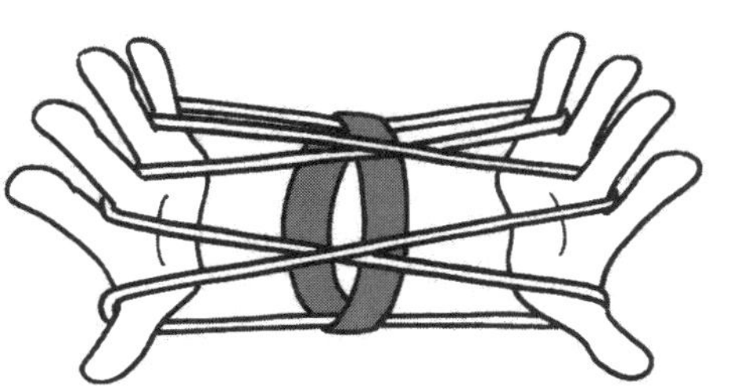

④ 左手の親指と右手の中指のひもだけ残して、他の指のひもを全部はずすと…

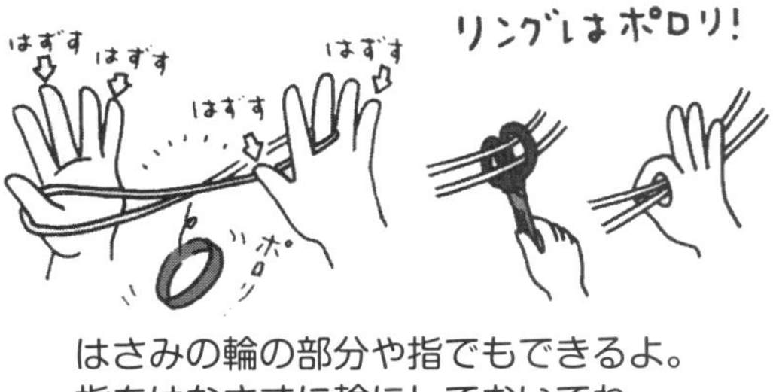
はずす
はずす
はずす
はずす
リングはポロリ!
ポロ

はさみの輪の部分や指でもできるよ。
指をはなさずに輪にしておいてね。

手づくりちえの輪

超カンタンにできる手づくりのちえの輪で遊びましょう。
おうちのお父さんも「まいった」と言うかも！

用意するもの　たこ糸（約 60cm）　わりばし 1 ぜん

つくり方

1　結んだたこ糸がずれないように、わりばしの 1cm くらいのところに切り込みを入れて溝をつくる（右絵 3・4）。

2　たこ糸（約 60cm）をしっかり結ぶ。もう片方も結んで輪にする。糸が下に届かないように（絵 5）。

遊び方

①　右絵 7 の状態から
②　わりばしの先をたこ糸にひっかけて…
③　3 本の指をくぐらせる。
④　たこ糸を手首に深くかけて…
⑤　わりばしを矢印の方向にさしこみ、
⑥　手首からぬけば OK ！

①
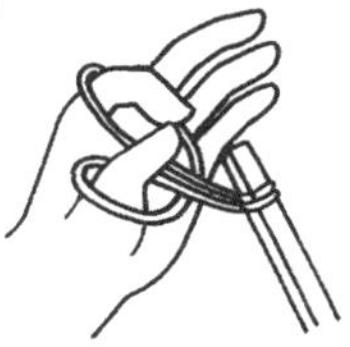
②
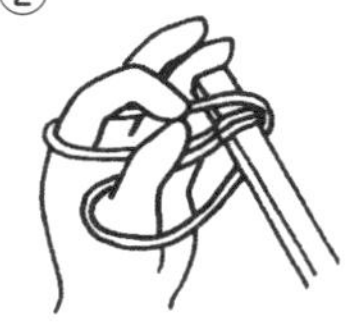
③
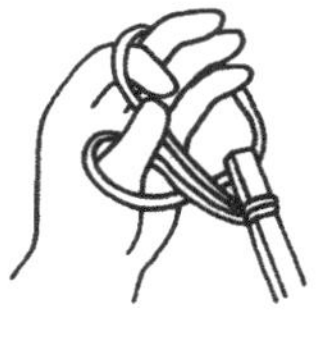
④
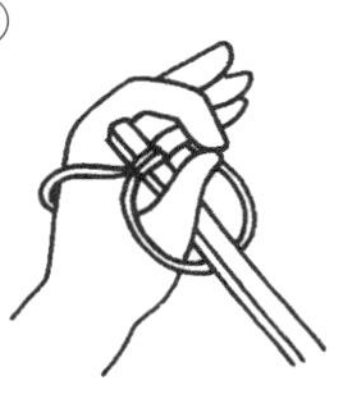
⑤
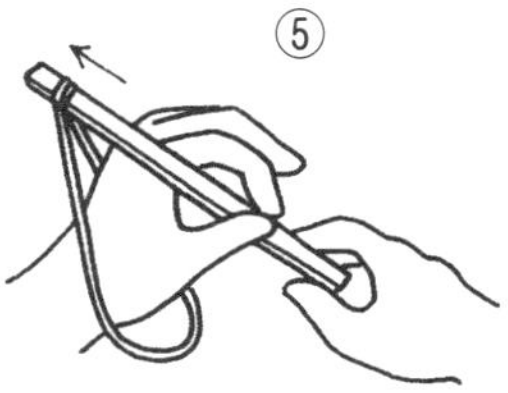
⑥
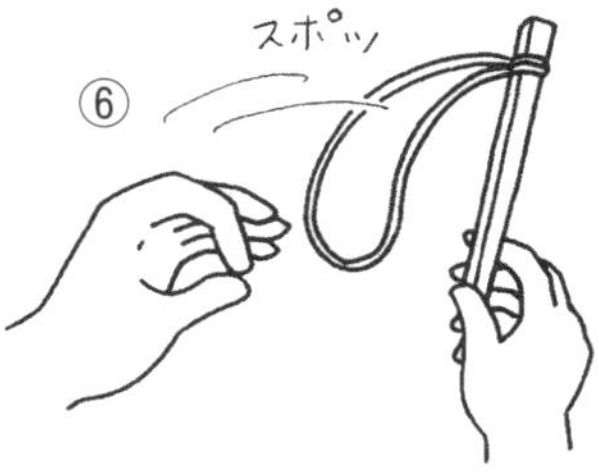

Point

●割りばしより少し長めの菜ばしや 50cm くらいの細い棒でやると、取りはずす時に驚きが増します。

チエちゃん、どうしたの。
ちえの輪がないから
みんなと遊べないって？
!?
おやおや
ばた
じた
なにを言っとる！
こんな時こそ知恵
を出して手づくりだ。
喝
ほんと？
ぐす
ほー
わりばしにたこ糸を結ぶ。
これだけでできるんだよ
輪に結ぶ
糸がはずれない
ように切りこみを
入れて、溝を
つくるといいね。
1cm
ここは下に届か
ないようにして。
親指と人さし
指にかけて
指の間から下に
ひもをおろして
親指・人さし指
はしっかりくっ
つけててね。
ほらできた！
こうしてこうして
ひょい
ひょい
…
ほら、はずせた！
スポッ
わ
あ
うぐぐ
がんばれ
がんばれ
チエちゃんもやって
ごらん。
みんなも、
左ページを見る
前にやってみて！
できたー！
えらい！
わーい
ピュー
みんなと遊べるね。
これがほんとの
チエの輪。
なんつって。
テヘ
ダレモキイテナイ…

ムックリ

かんたんにつくって遊べる工作やパズルは、子どもたちが喜んで取り組めます。図工の時間や学級活動の時間にやってみましょう。「起きろ！」のタイミングと楽しい演技力がいっそうおもしろくさせます。

用意するもの 折り紙

遊び方

① 右絵下段の手順でムックリを折る。
② 右絵２のようにそっと机の上に置く。
③ しばらくすると“ムックリ”“ピョコッ”と起き上がる。
④ 自分のムックリをつくり、何人かで同時に机の上に置いて、
●だれのが最初に起き上がるか
●だれのが最後に起き上がるか
「起きろ！起きろ！」など、かけ声をかけながら競争するのもおもしろい。
⑤ 制限時間を設け（15分くらい）、なかなか起き上がらないのもダメとしてもよい。

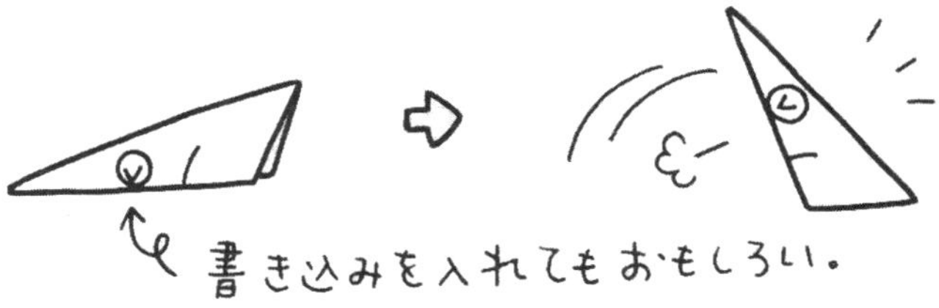

Point

●なかなか起き上がらない時は…折り目をほぐして少しゆるめに折る。
置いたとたんに起き上がってしまう時は…折り目をきつくして、折り直して置く。
●置いて5、6秒で起き上がるのがいちばんうまい。
●だいぶ前の記録だけど、遅起き日本記録は53分24秒だって！

1　まん中を折って広げる。　2　左右を中へ折る。　3　上の三角を折る。

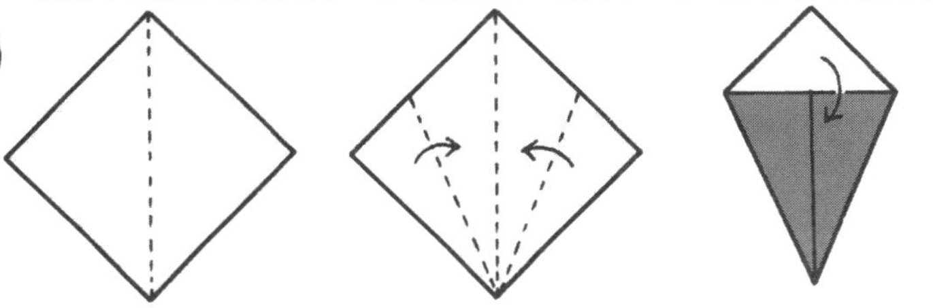

4　左右から折って　5　もう一度三角を折る。　6　もう一度左右から折る。　7　たてに半分に折って

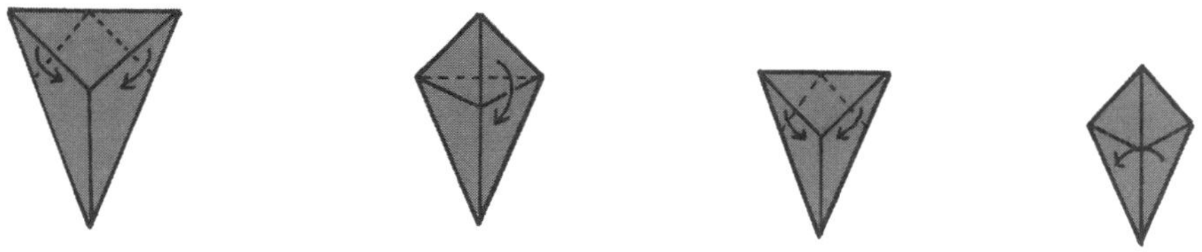

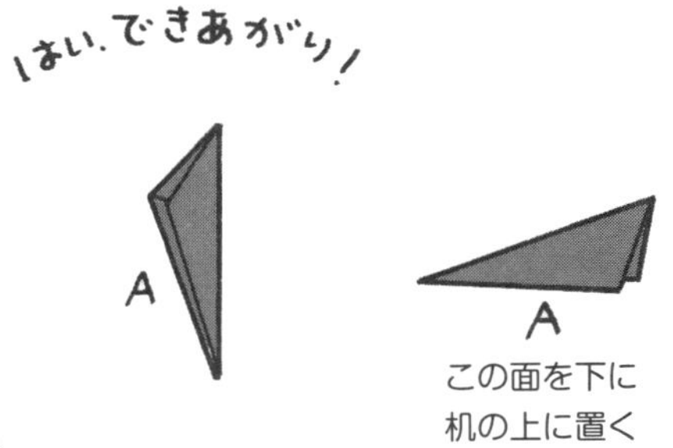

この面を下に
机の上に置く

変身絵本

描いた絵がパッと消えて、大きな画面に変身します。
簡単なので１年生からどの学年でもできます。
紙を開いた場面は２倍の大きさになるので、元の絵が
パッと大きくなるアイデアを考えましょう。

用意するもの 色画用紙（あまり濃くない色）…八つ切り１枚と半分
水性カラーペンか色鉛筆

つくり方

1　色画用紙をＷ形に折り、中央の山形部分に３カ所の切り込みを入れる。
2　半分の色画用紙で紙片Ａ・Ｂをつくり、切り込みを入れた画用紙にさしこむ（右絵手順④⑤）。
3　山形の部分をつまんで、真ん中を左右に開く（手順⑥）。
4　開いた面に最初の絵を描く。
5　Ｃ･Ｄをつまんで左右に広げると、描いた面が隠れて広い面が現れる。ここに第２の絵を描く（手順⑦⑧）。

遊び方

①「みなさん、植木鉢になんの花の芽が出ているのでしょうね」
最初の場面を見せて語りかける。
②「はい！　パッ！　たくさんの花が咲きました」
Ｃ・Ｄをつまんで開くと、一瞬で大きな絵柄に変わる。
③ いろいろな変身のアイデアを考えよう。

Point

●「大きさが倍になる」ことを考えて変化の場面を考えるとダイナミックになる。
例：たまご→ひよこが生まれる
　　あったものが消えてビックリ！　など

わい
へんし――ん
と――っ!
わい
ガラ
みんな、変身が好きだなあ。
うん!大好き
変身する「絵本」っていうのもあるよ。
へえ、どんなの?
見た～い
?
ナンダソレ
見ててごらん。植木鉢に花の芽が出てるね。
はい、花がたくさん咲きました!
パッ
あはは、おもしろ～い
さあ、食べよう
あっ ない!
パッ
つくりたい!
やってみる?つくり方はこうだよ。

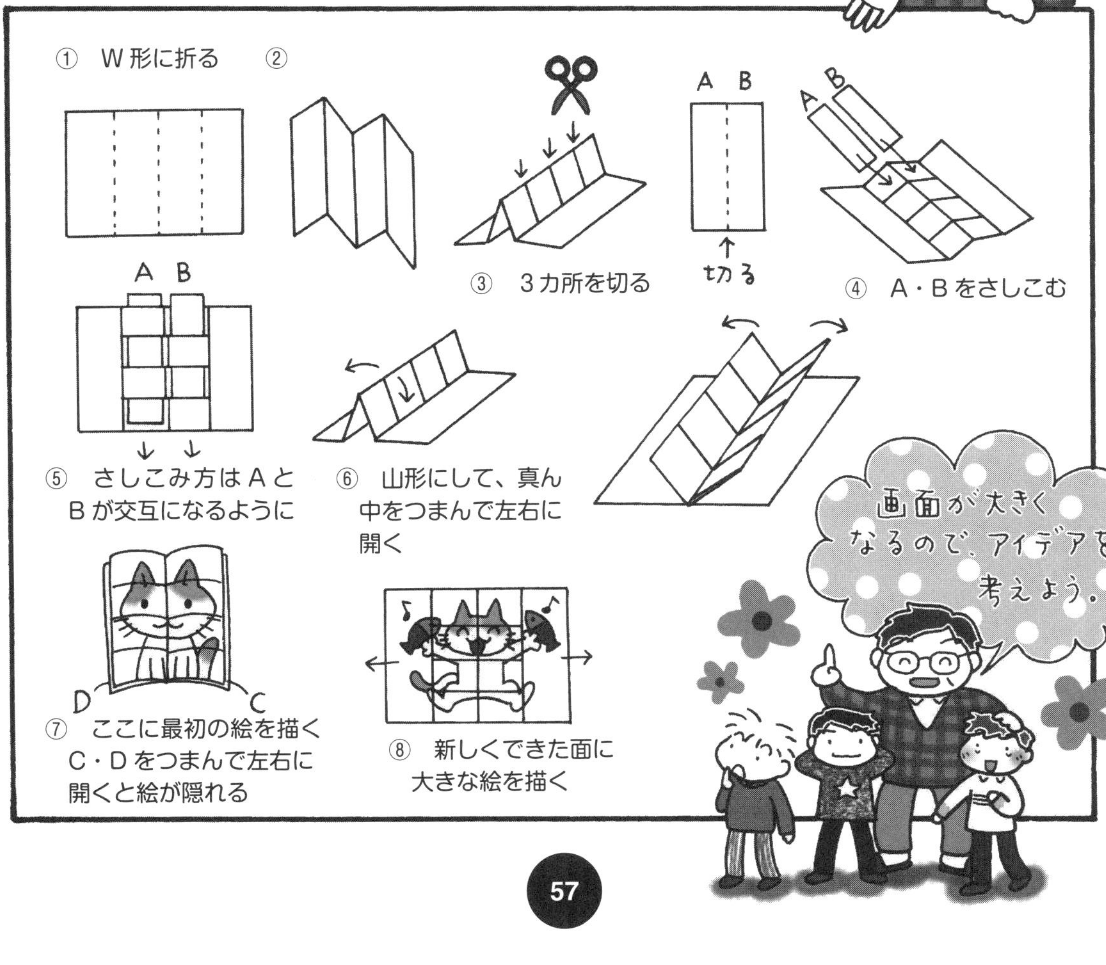
① W形に折る
②
A B
切る
③ 3カ所を切る
A B
④ A・Bをさしこむ
A B
⑤ さしこみ方はAとBが交互になるように
⑥ 山形にして、真ん中をつまんで左右に開く
D C
⑦ ここに最初の絵を描く C・Dをつまんで左右に開くと絵が隠れる
⑧ 新しくできた面に大きな絵を描く
画面が大きくなるので、アイデアを考えよう。

パズルカードで算数遊び

簡単そうでむずかしいパズルです。
1 年生が意外と早く「できたー！」となることもあっておもしろい。

遊び方

① 右ページの絵を B4 サイズくらいに拡大して画用紙に印刷する。
② 六角の形に 7 枚を切りとる。
③ どれか 1 枚を中心にして下の図のようにならべ、となりあう数字の和がすべて 7 になるようにならべてみよう。
となりあう△の数字すべてとなると、ちょっと難しいかも……。

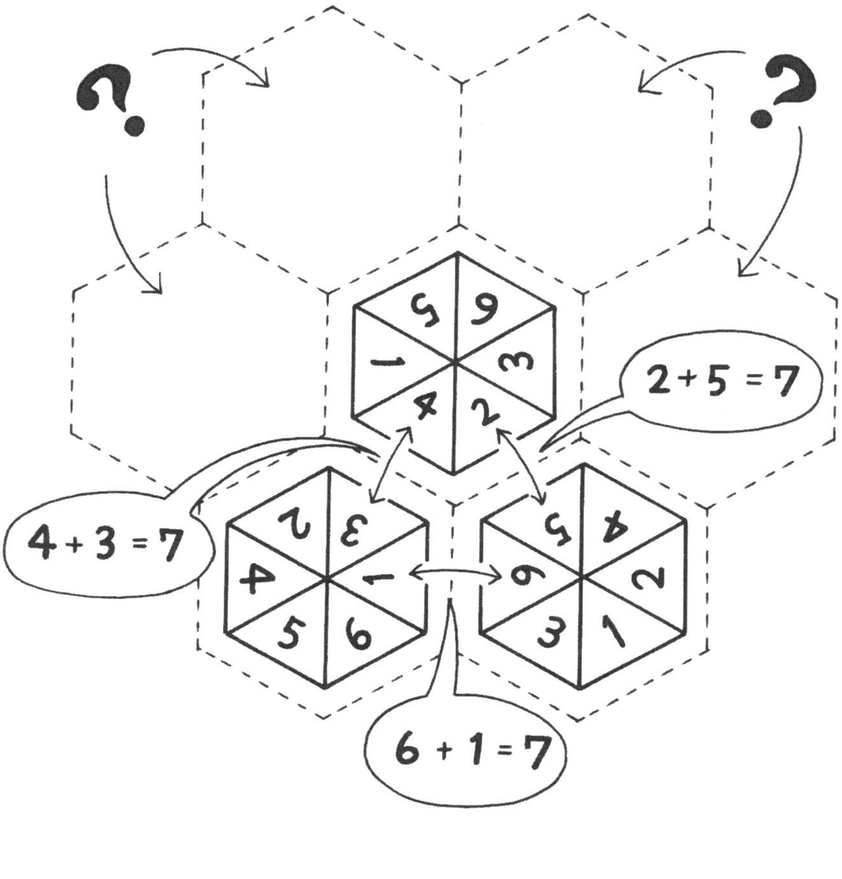

Point

●どの六角を中心に置くかが決め手です。6 枚までうまくいっても最後の 1 枚でアウトということもあります。

授業にも使える楽しい算数パズルです。このまま拡大コピー（B4くらい）して使えますので、ぜひやってみてください。

パズルカード

となりどうしたして7になるようにならべられますか？

となりあう三角の数字のたしざんのこたえが、すべて7になるようにおきましょう。

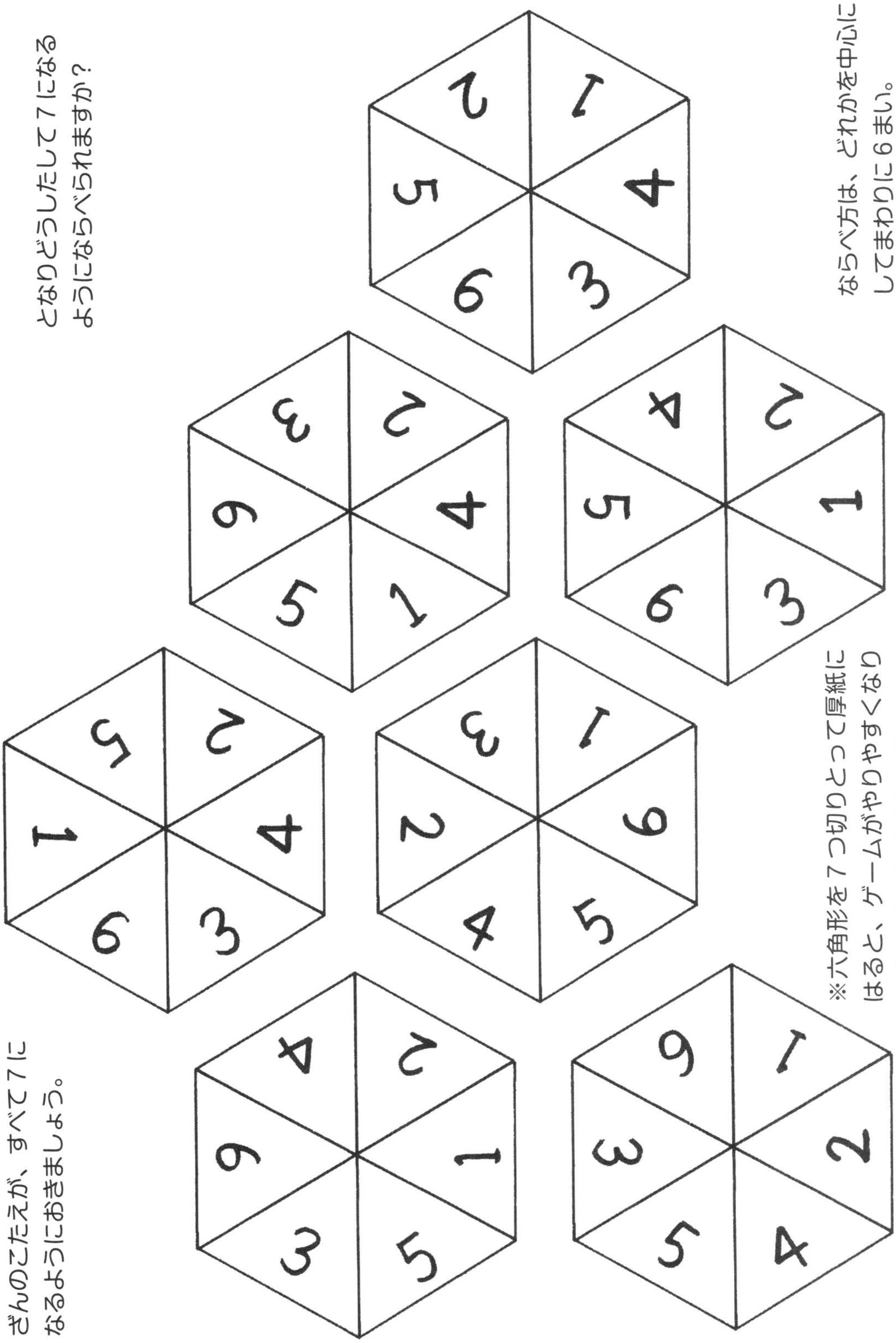

ならべ方は、どれかを中心にしてまわりに6まい。

※六角形を7つ切りとって厚紙にはると、ゲームがやりやすくなります。（かならずできます）

シルエット（かげ絵）パズル

旅館のロビーなどに木でつくったパズルがありますね。
色画用紙で簡単につくれておもしろい
シルエットパズルです。でも、大人がやっても
1時間でも全部は無理かも…!?

遊び方

① 右ページのプリントを200%に拡大して色画用紙に印刷する。
② 左側の長方形の図を太い線で6ピースに切りとる。
③ 中央の10個のシルエットの形にならべる。
・それぞれの形は6枚のピース全部を使う
・ピースの裏表は問わない

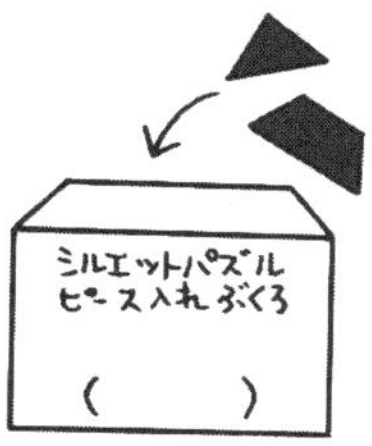

「ピース入れぶくろ」をつくって、6ピースを入れておこう

Point

ヒントと答の例

1

1番の長四角は切りとる前の形だから簡単ですね。

2番のヒントは、まず屋根はこの2枚だね。家のところにあと4枚はどう入れる？

2

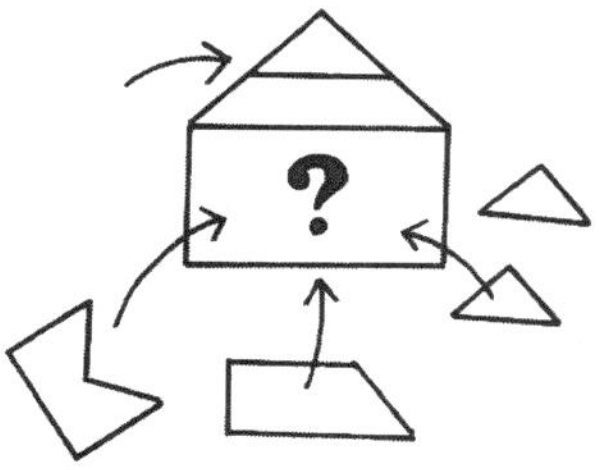

答　3　4　5　6

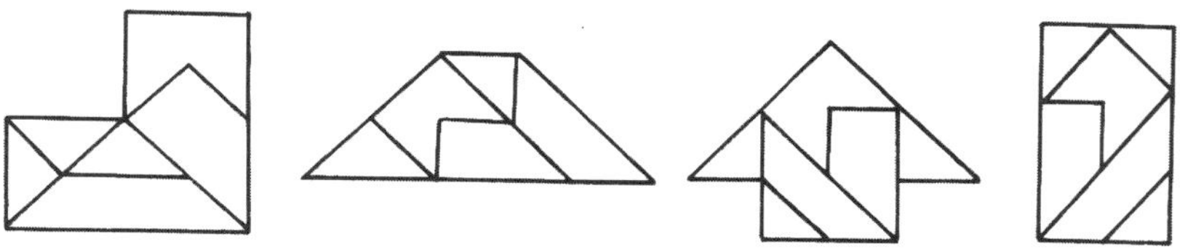

ほらね、うまーくいくよね

7、8、9、10もがんばって!!（必ずできます）
（ギブアップの方はお問い合わせ可）

色画用紙にコピーしてすぐ遊べるおもしろパズルを紹介しましょう。
子どもたちと一緒に楽しんでください。

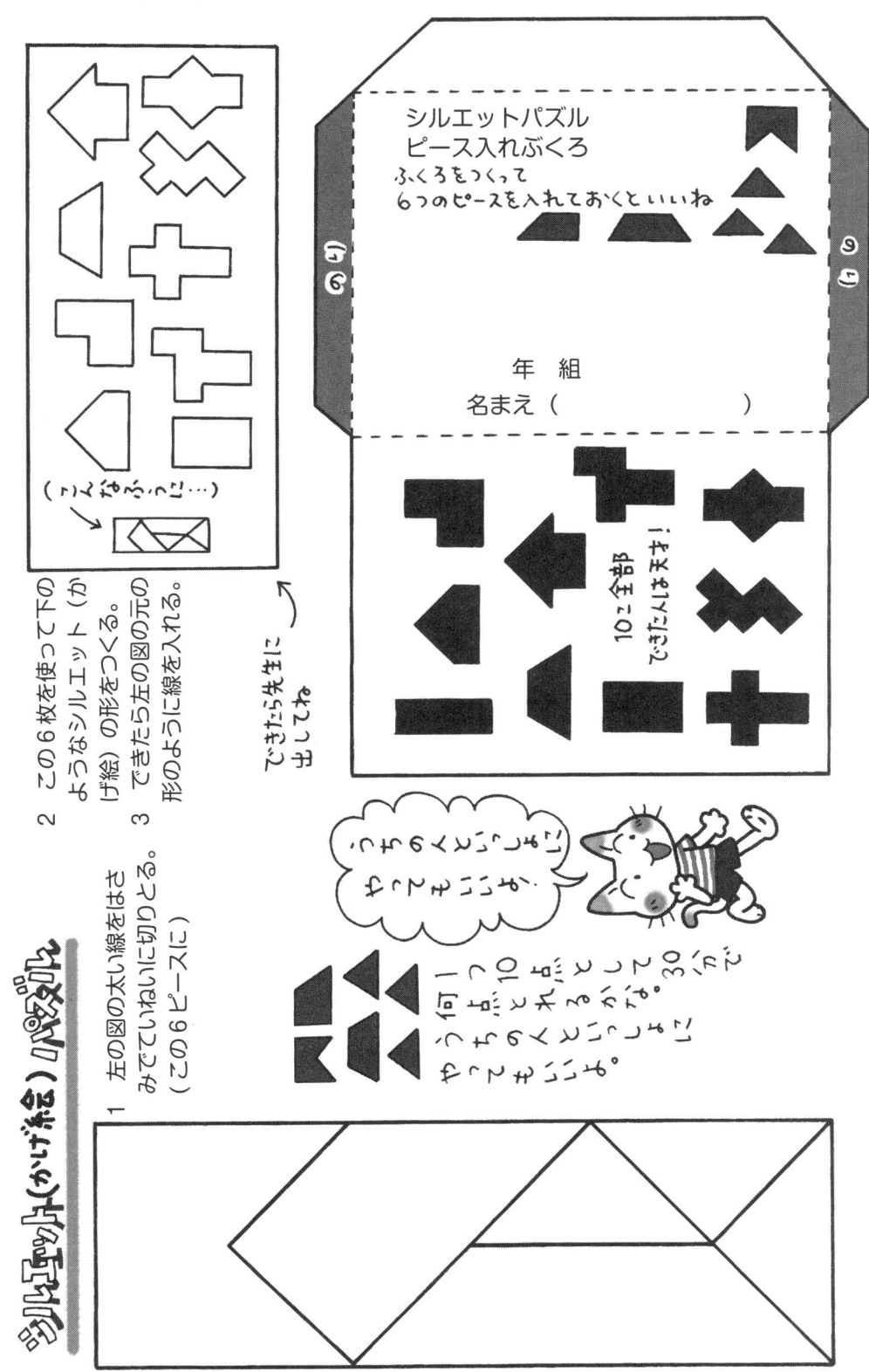

シルエット(かげ絵)パズル

1 左の図の太い線をはさみでていねいに切りとる。(この6ピースに)

2 この6枚を使って下のようなシルエット(かげ絵)の形をつくる。

3 できたら左の図の元の形のように線を入れる。

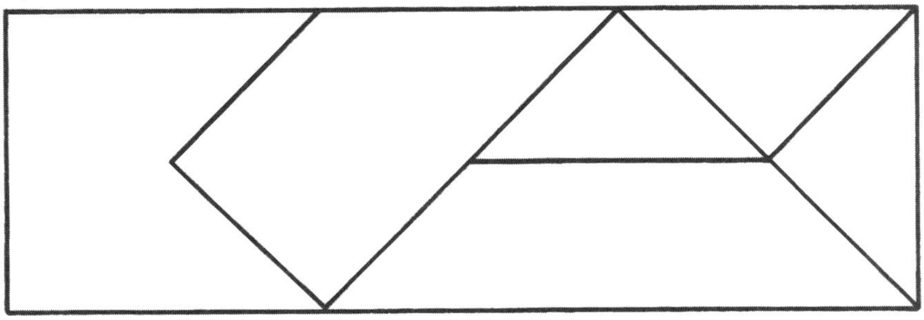

色画用紙に印刷します。

1つ10点として30分で何点とれるかな。
おうちの人といっしょにやってみよう。

おうちの人といっしょに
やってみよう。

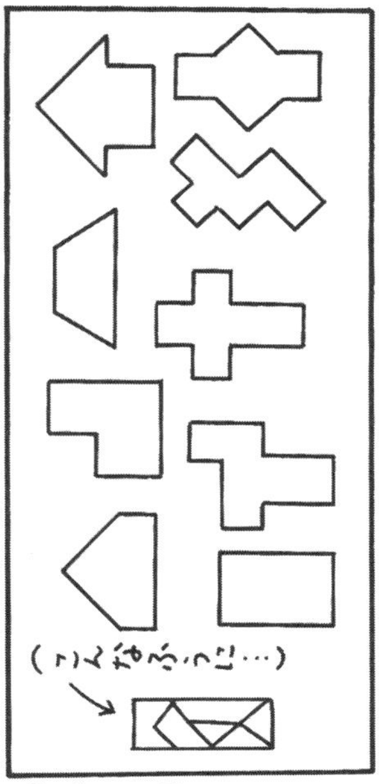
(こんなふうに…)

できたら先生に出してね

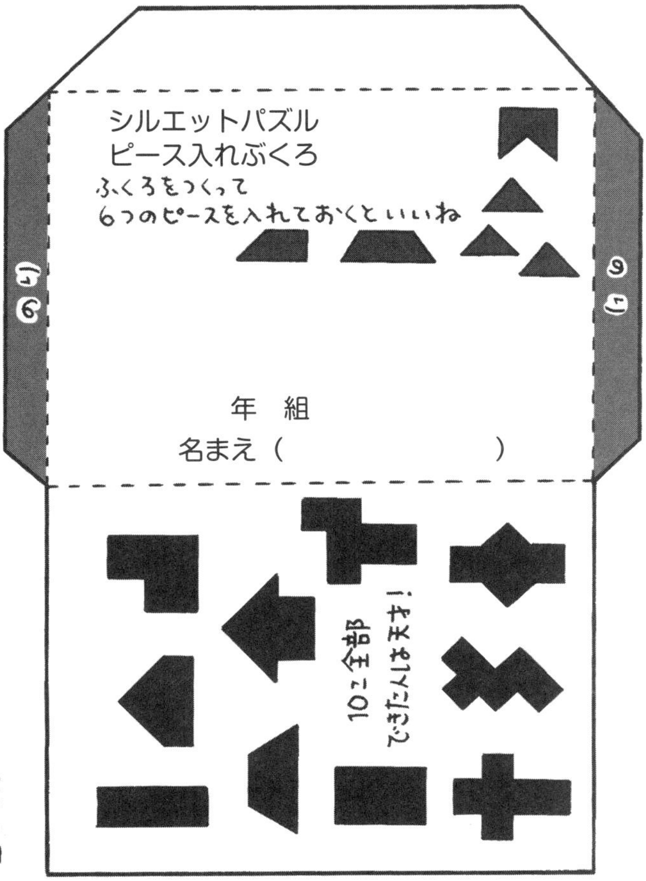
シルエットパズル
ピース入れぶくろ
ふくろをつくって
6つのピースを入れておくといいね
のり
のり
年　組
名まえ(　　　　　　)
10こ全部できた人は天才!

そんなバナナ!?

「あれーっ？」目の錯覚も利用したふしぎな「のびるバナナ」です。楽しく解説をしてみせて楽しさを盛り上げます。

つくり方

1　p64 の絵を厚手の画用紙に印刷する。
2　色えんぴつかカラーペンでそれぞれに色を塗る。
3　3 枚をそれぞれ弧の形に切りとる。

遊び方

①　バナナを上に、キュウリの絵を下にならべて置く。
②　「このキュウリの長さは 9（キュウ）リッセンチメートルです！」
定規の弧を、まずキュウリの絵に当てる（「Point」参照）。
③　「つぎにバナナも。これも 9 リッセンチメートルです」
バナナの絵にも定規の弧を当てる。
④　バナナを手にとり、右へ 2、3 回なでる（しごく）ようにする。
⑤　「キュウリの下に置くと、バナナはぐんとのびています！」
「そんなバナナ !?」
⑥　「トントンと、はじっこをたたいて縮めると……はい、元どおりの長さです」
もう一度バナナを手にとり、片方をたたいてみせる。
⑦　「もう一度はかってみようね。キュウリはこの通り 9 リッセンチメートル、バナナもこの通り 9 リッセンチメートルです」
②③と同じやり方で寸法をはかる。
⑧　「でも、バナナとキュウリをあわせると、やっぱりバナナは少しのびてしまったね」
最後に、キュウリとバナナの絵を重ねて、バナナが長いことを見せる。

Point

はかり方のたねあかし

キュウリをはかる時、キュウリの絵の 5mm くらい上をはかる。
バナナと定規は同じ長さなので、ぴったりはかってもよい。
（p64 の絵は、もともと
バナナを少し長くしてある）

子どもに見せる時、キュウリとバナナの裏に板状マグネットを貼っておくと見せやすい。

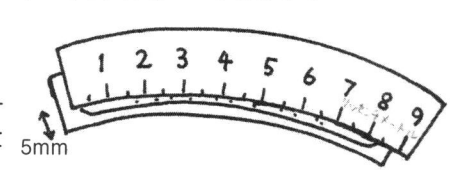

1
はい、
みんな注目！
バナナ
キュウリ
今から不思議な手品をやるよ～
これで長さをはかってみるね。
2
キュウリの長さは
9《キュウ》 リッセンチ、
次にバナナも…
これも９リッセンチ。
うん、たしかに
ダジャレかー
フムフム
3
さて ここで！
こうしてしごいて
おまじないを
かけると～
ムニャムニャ
4
なんと！
バナナがぐんと
のびてる！
うそー
なんで
5
みんな、こういう時は
“そんなバナナ”って
言うんだよ。
アハハ
また ダジャレだ
6
ではもう一度…
トントントントンと
はじっこをたたいて
ハイ！
もと通りの
長さです。
7
もう一度はかってみようね。
キュウリはこの通り
９リッセンチ、バナナも
９リッセンチ。
8
でも、バナナとキュウリを
合わせるとやっぱり
バナナは少し
のびてしまったね！
はい、
ではみなさん
ご一緒に。
そんなバナナ～!!

そんなバナナ!?　型紙

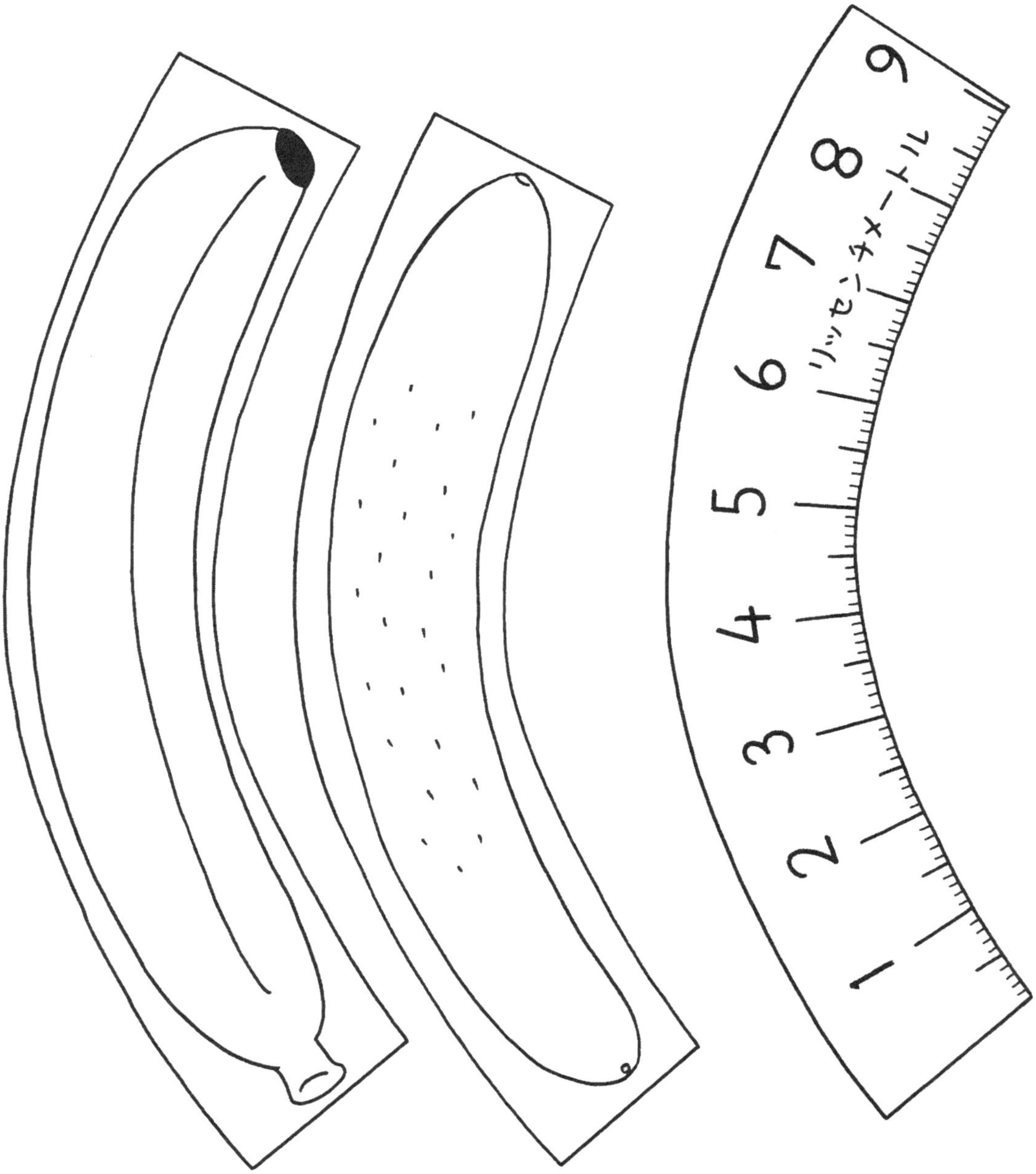

おまけの紙工作

バランスバード

このまま画用紙に印刷して切りとって、羽の下と口の下にのり貼りしたらもうできあがり。

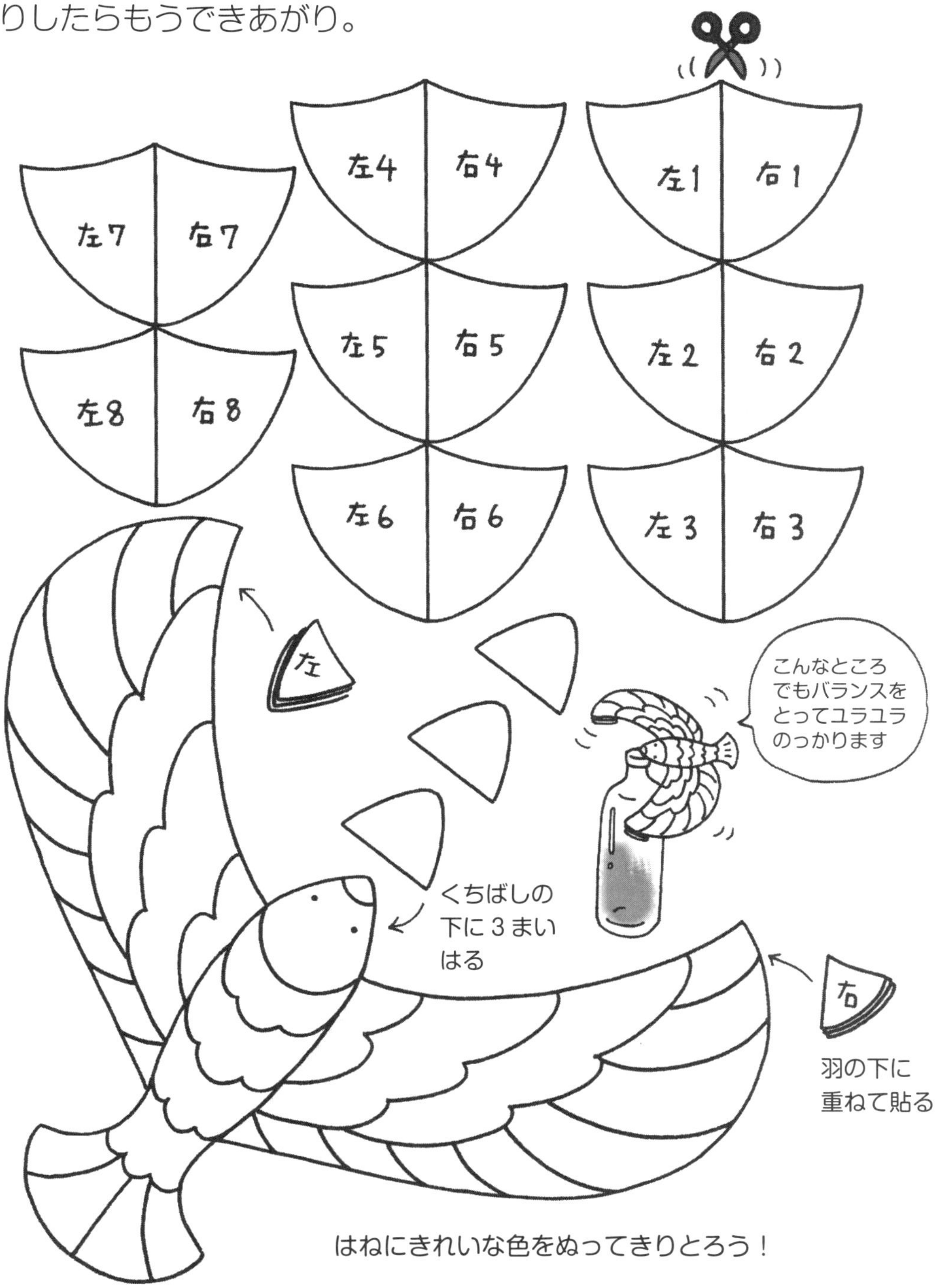
左7
右7
左8
右8
左4
右4
左5
右5
左6
右6
左1
右1
左2
右2
左3
右3
左
くちばしの下に３まいはる
こんなところでもバランスをとってユラユラのっかります
右
羽の下に重ねて貼る
はねにきれいな色をぬってきりとろう！

１年生でもつくって遊べるよ！

仲よし学級づくりに役立つ

●ふれあい遊び

「ふれあい遊び」と呼ばれる類の遊びがあります。この遊びは、子どもたちの年齢と共に成り立ちにくくなっていきます。高学年くらいになると、いきなり「さあ、手をつなぎあって踊ろう」と教師に言われても、いやがる子が多いでしょう。

子どもたちは遊びをワイワイと自ら楽しむ中で、自然に体と体、そして心と心をつないでいきます。仲間と自然にふれあえる遊びをたくさん覚えておきたいものですね。

●協力して遊ぶ

仲間と協力することによって楽しめることも大切です。そのような遊びを通して、教師は子どもたちの人間関係を知り、いじめの初期症状も発見して、手を打つことができます。

また、協力しあう遊びの中からリーダー的な子どもを育て、学級づくりに役立てることもできます。

「いじめ」などが発生しない学級をつくるには、子どもたちが日ごろから楽しく、協力しあい助けあう雰囲気に包まれていることが必要です。

●指導にあたってのアドバイス

どの遊びやゲーム・パズルの指導にも共通することですが、まず、やろうとする中身と目的が子どもたちに強い言葉で伝わることが第一です。

1　遊びのやり方・ルールをわかりやすく説明する

2　その結果、何がどうなったらよいのか

を、子どもたちがよくわかって参加するように心がけましょう。

●得点や表彰状の工夫も楽しい

各チームの成果を得点や表彰状で評価するのも効果的です。

色画用紙などに印刷したものを用意します（小さくてもよい）。担任のハンコや、もし使えれば大きくて貫禄のありそうな学校印のようなものを押すと、表彰状らしさも増して、子どもたちも喜びます。ゴム印などで学級印を手づくりすることもおもしろいですね。

こんにちは、さようなら

お互いがどのくらい仲よしか、気が合っているかの相性診断テストです。ふだんはケンカばかりしているのに「親友」になったり、とても仲がいいのに「けんか友だち」になったり。クラスのみんなが楽しくなるゲーム。お楽しみ会やお誕生会でやってみましょう。

遊び方

① 2人1組のペアで背中を合わせて立ち、腕を組む。

② まわりのみんなが声を合わせて、
1「こんにちは！」
2「さようなら！」
3「またあした！」
と、各々最後の「は」「ら」「た」を強く言って、かけ声をかける。

③ 2人は、その「は」「ら」「た」の時に、さっと首をねじって左右どちらかに振り向く。
この時うまく顔が合うか、左右反対になってそっぽを向いてしまうかが、「友だち度」「相性度」をはかる目安になる。

④ 3回とも気が合って顔を見合わすことができたら「親友」
2回なら「仲よし」
1回だけなら「友だち」
1回も合わなければ「けんか友だち」
などと決める。

Point

- 始める前に2人がどちらを向くかの打合せはしないこと。
- 大人の親睦会の余興でも楽しめます。この3つのかけ声の他、男女で「愛してる！」などユーモアをこめてやるとウケます（3回とも合ったら怪しまれるかも？）。セリフはアドリブで楽しく考えてください。

基本のポーズ
こんにちは!!
さようなら!!
またあした!!
気があうね!!
やったネ!!
あれ?
残念~!!
逆だよ~
は・ら・た で
左右どちらかに振り向きます。
打合せしてはダメだよ！
3回顔が合ったら親友
1回カオがあったらともだち
2回顔が合ったらなかよし
1回も合わなかったらけんか友だち

いい耳どのチーム？

班やチーム対抗でやるゲームです。どのチームがいちばんよい耳でしょうか。メンバーの集中力を高めて、チームワークを発揮するチャンスです。
よーく耳をすませて聞いてね。

遊び方

① 出題者（教師または出題チーム）は、問題に出す言葉をあらかじめ「くだもの」とか「動物」とか決め、ヒントとしてクラス全員に伝える。
出題者「今からある言葉をいっせいに言いますので、何と言ったか当ててください。ヒントは『くだもの』です」
② 各チーム（7～8人）はこっそり相談して、言う言葉を決める。
③ 決まったら、チームの1人1人に1字ずつ、発表する文字を割り当てる。
【例】「くだもの」のいちごに決めた場合
Aくん、Bさん……い
Cくん、Dさん……ち
Eくん、Fさん……ご
④ チームの全員がそろって、「せーの！」でいっせいに自分の割り当ての文字を大声で言う。
⑤ 他の班は、出題者が言った言葉を相談して当てる。
⑥ 1回で正解なら3点。
他のチームの答がまとまらない時は「アンコール！」でもう1回。
2回目で正解なら2点。
3回目なら1点
3回聞いてもわからない時は0点！

Point

●くだものなら「もも」「パイナップル」が難しいかも。
●文字数を多くしたり、ノーヒントにしたりするといっそう難しくなります。
●どんな言葉がわかりにくいか、誰がどの文字を言うかなど、子ども同士の話しあう力をのばすように促したいですね。

いい耳どのチームの問題は「くだもの」です!
ニンジンは？
「いちご」にしようよ！
しーっ
ぼくは「い」
わたしは「ち」
ぼくは「ご」
せーーの!!
い
ち
ご
い
ち
ご
?
〝き〟が入ってる？
う〜ん ちがうような…
?
あれ?! もしかして…

どくへびだあー

へびになりきって遊ぶ鬼ごっこ。
床をはうのは意外と大変ですが、子どもは夢中になっているので、遊びながら体を鍛えられるというわけです。
体育館のバスケットコートなどのエリアを使って、
力いっぱいやってみましょう。

遊び方

① 体育館で一定の広さを決め、その中に全員が集合する。ここから出た人はアウトになる。

② 鬼のどくへび役を3人ほど決める。

③ どくへびは、はって移動する（ひざを立ててはだめで、転がるのはOK)。

④ スタートの合図で、どくへびは立っている人をねらって足をさわる。立っている人はさわられないように逃げる。走ってもよい。

⑤ さわられた人は、どくへび（鬼）に変身してしまう。この時、さわられた人は「どくがまわったぁ～」と言ってオーバーなアクションで倒れるようにする。

⑥ どくへびがどんどん増えていき、最後まで逃げきれた人が勝ち。

Point

●どくへび（鬼）は組んで、立っている人をコーナーなどに挟みうちや追いこみをするとつかまえやすい。
●どくへびがたくさんになったら、1列にならんでいっせいに攻める作戦でやるとおもしろい。
●エリアを越えた子はアウトで、すぐどくへびにされてしまう。
●逃げきった人が勝ちですが、むしろどくへび役になると子どもたちは大喜びしますよ。

わっ
タッチ
シャー…ッ
どくへび
大げさなジェスチャーがおもしろいよ！
ぐわ〜っ
どくがまわった〜!!
さわられた人は
どくへび（鬼）に変身
バタッ
コーナーに追いこむ
のもいいアイデア
逃げ場がないよ〜っ!
きゃ〜っ
あわわ
にまる にまる〜
やられた〜!

自分の学校名さがし競争

班のメンバーみんなが力を合わせて取り組みます。
「○○の字、あったよ」「○○をだれかさがして」など、
班員のチームワークを発揮するチャンス！
読書好きや漢字の得意な子ははりきってやりますよ。

用意するもの　新聞紙　色えんぴつかカラーペン…各班に１本

遊び方

① 各班に新聞紙を１枚ずつわたす（全面広告の面や株式市況の面は好ましくない）。
② 班の１人が書記係になり、色えんぴつかカラーペンを持つ。
③ 先生「みなさんの班の新聞の中から、私たちの学校の名前の字をさがしてください。漢字、ひらがな、カタカナ…なんでもいいですよ。見つけた字には○印をしてね」
④ スタートの合図で班ごとに字をさがす。
⑤ ５分くらいでストップ（学年に応じて制限時間は調整してよい）。時間内に全部見つけられたら「見つかりました」と言ってもらう。
⑥ 早く見つけ終わった班から前に出て発表してもらう。合っていれば合格。いちばん早く見つけて合格した班が優勝となる。
⑦ 続けて、班の人全員の名前をさがしてもよい。

Point

●新聞の端までよく見ること。裏面からさがしてもよい。
●違う漢字でも、読みが同じならよしとします。
　例：小（しょう）の代わりに正（しょう）を選んでもよい。
●学校名の他にも、さがす文字を決めてやるとおもしろい。

おー!!
やるぞー!!
漢字、ひらがな、カタカナ、なんでもいいよ。見つけた字には○印をつけてね。
新聞の中から、私たちの学校の名前の字をさがしてね。
1
いいんだよ～
田は打(だ)でもいいの?
あ!あった!
2
全部見つかりました～!
3
「八」「お」「ウ」「じ」「市」「立」「ユ」「い」「第」「1」「小」「学」「コ」「う」全部あるね！
イェ～イ!!
4

しなものあつめ

いじめのない仲よし学級をつくりたいのは担任の切なる願いです。クラスのみんなが発言したり知識を寄せあってできる遊びを、折にふれて取り上げたいですね。班の全員が品物を言えるように教師が促しましょう。

用意するもの　紙とえんぴつ…各班に１組

遊び方

① 各班に１枚ずつ紙をわたし、班ごとに書記（書く人）を１人決める。
② 先生が書く内容を指示する。
【例】くだものの名前、魚の名前、鳥の名前、この学校の先生の名前など。
５年生なら：都道府県の名前、外国の国名
６年生なら：歴史上の人物の名前、市内の小学校名　などもよい。
③「よーい、どん」でスタート。班の全員が協力しあって、できるだけ多くの名前をあげるようにする。
④ 制限時間は３分くらいでストップ。各班が１つずつ発表する。
⑤ 自分の班が発表したものは消していく。他の班が発表したもので自分の班にも同じものが書いてあったら、それも消していく。
⑥ 次つぎに発表して、残りが多かった班が勝ち。集める内容をかえて何回戦かやるとよい。

Point

- 他の班が考えつかないような特殊なものを書くと勝ち残りやすい。たとえば魚ならアンコウ、ジンベイザメ、シーラカンスなど。
- 子どもは興味のある分野のことを驚くほど知っているものです。意外な子が魚に詳しいことがわかったりして、１人１人の新しい一面を発見するでしょう。

1 先生が書くものを指示。
では 魚の名前
2 各班に紙を１枚ずつ配る。
よろしく
ぼくが書く係をするよ
書記
3 制限時間は３分くらい。
ウニってサカナ？
ちょっとまって～!!
サケ
マグロ
ウニ
サンマ
クジラ…は ちがうか…
サバは？
たくさん書いてね～!!
4 １つずつ発表！
マグロ！
ない
あった！
5 発表されたものは消して…。
サバ
サケ
とじょう
マグロ
サンマ
あじ
6 残りが多い班の勝ち！
ヤッター!!
次 がんばろう！
おしかった～
おめでとー!
パチ パチ

新聞グローブ

新聞紙を使って、グローブとボールをつくろう。
これなら教室でキャッチボールしても先生に
しかられないぞ。でも力いっぱいぶつけないでね。
用意するものは新聞紙だけで OK。

つくり方　折ったところを横にして、全紙１枚分を机の上に置き、１～７の手順で折る。

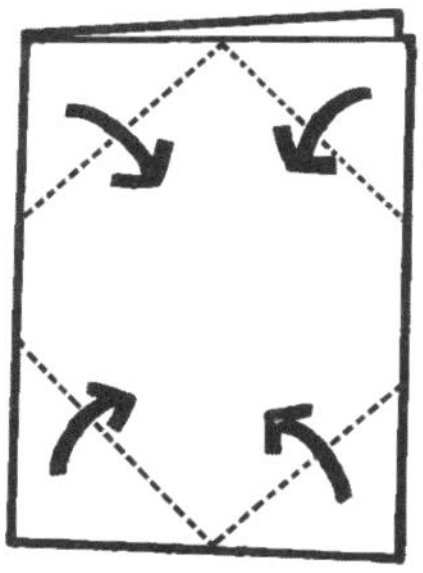

1　新聞紙の四隅を折る。

2　半分におる。

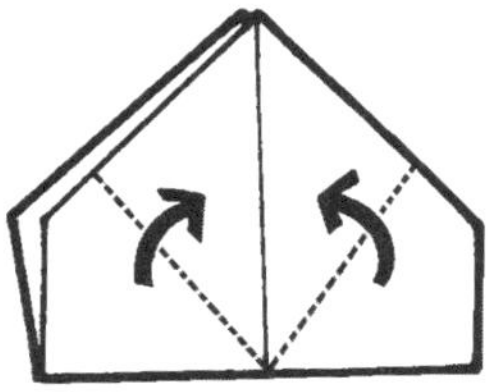

3　図のように折っていく。

4

5　１枚だけ手前に折る。

6　先を手前に折り、

7　中を開く。

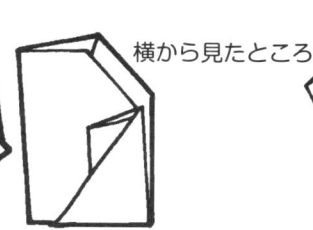

横から見たところ

ここのすきまに親指・
人さし指・中指を入れる

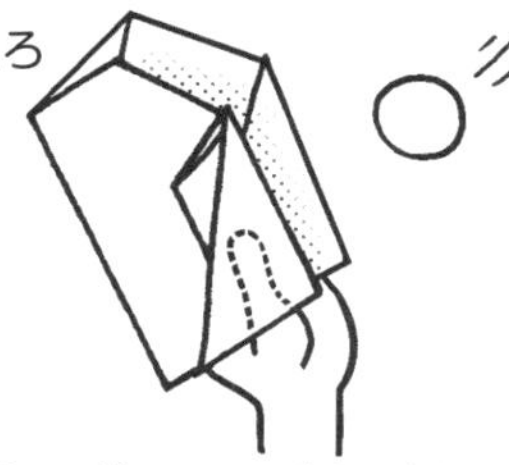

8　ボールは新聞紙を
丸めてセロハンテープ
などでとめる。

Point

●教室で遊んでもあぶなくないけど、体育館や校庭でやろう。
●その時、ゴミにして放置しないように。

今日も雨かぁ…
外で野球がしたい…
ポンッ
コロ
コロ
これ新聞紙でつくったグローブだぜ
ヤスジ?
これでキャッチボールしない?
いいね! さすが図工が得意のヤスジだ!!
やる
やる
あっ
ポーン
ナイス!!
いいな〜
オレたちもまぜてよ
いいよ!
じゃあ体育館行くか?!
かっこいいぞ〜!!
ナイスボール!
わっ
えい!
それ!
こっち
こっち
これなら雨の日でもあそべるね!!

新聞ぼうし

新聞紙を使ってぼうしをつくろう。いろいろなバリエーションをつくって楽しみましょう。ファーストフードの店員さん、アトムの頭、ロボット……。発表会やお店やさんごっこの小道具にも使えますね。

つくり方 折ったところを上にして、全紙1枚分を机の上に置き、1～9の順で折る。

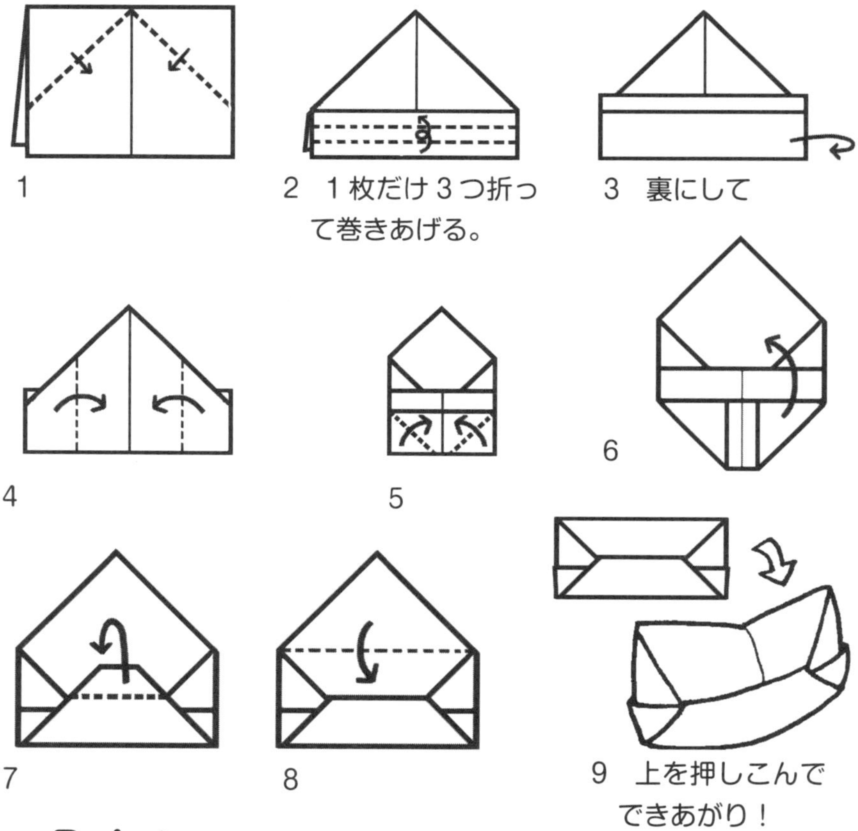

1

2　1枚だけ3つ折って巻きあげる。

3　裏にして

4

5

6

7

8

9　上を押しこんでできあがり！

Point

- 色をつけたり形を工夫して、オリジナルのぼうしにもチャレンジしよう。
- 楽しんだ後は、ゴミにして放置しないように。
- つくり方4のところで、頭の大きさに合わせて折る位置を調整する。

○○小○年○組
ぼうしファッションショー
完成形
横にかぶって
真ん中をつぶせば
アトム！
とう!
つくり方８の
真ん中をやぶって
目を出せば
仮面にも！
つくり方８
までても
かぶれます
ビシ!

インディアンハット

新聞紙を使って、楽しいインディアンハットを
つくりましょう。しゅう長がかぶる鳥の羽のぼうしの
ようです。男女でそれぞれ飾りも工夫すると
楽しいですね。遊びや行事のコスチューム、
発表会などにも使えます。

つくり方

1　新聞紙（全紙）を真ん中で
横に切る。

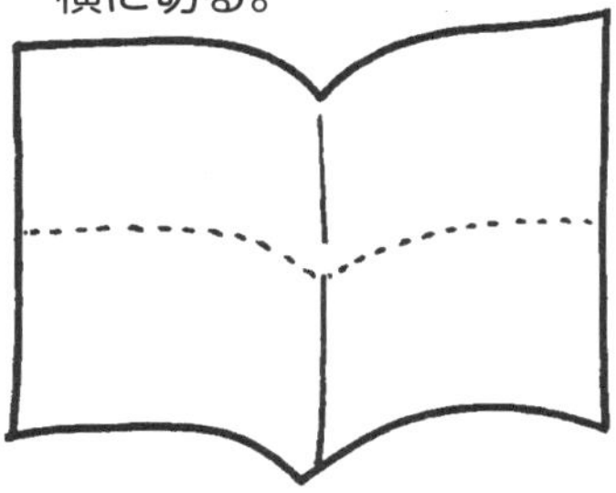

2　くるくる巻い
ていく。

3　上をつぶして
まとめて破く上から
10cm くらいまで)。

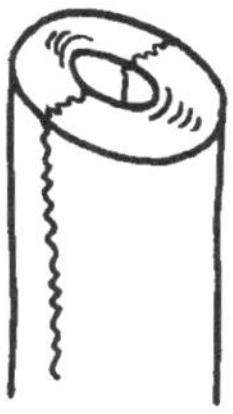

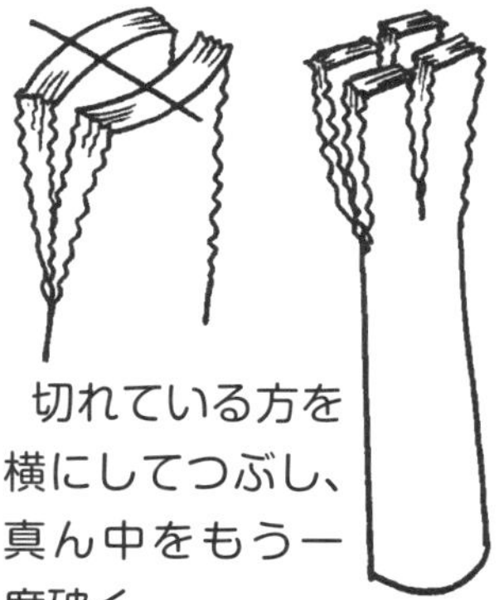

4　切れている方を
横にしてつぶし、
真ん中をもう一
度破く。

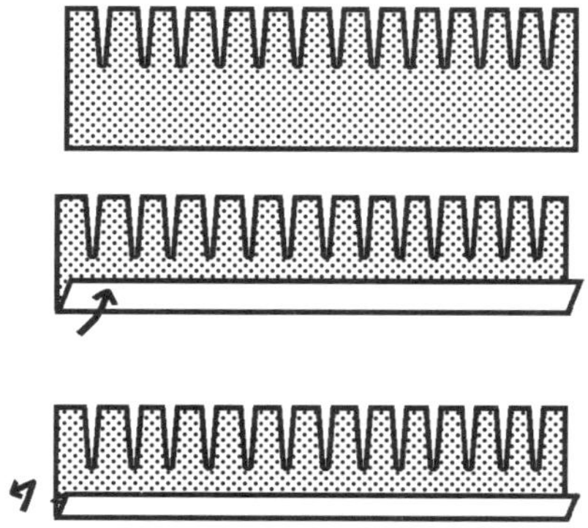

5　4を開いて、下を２回折る。

6　頭に合わせてセロハン
テープでとめる。

7　もう１つつくり、
半分に折ってつなげてもよい。

長くのびてかっこいいぞ！

左ページでつくったインディアンハットを身につければ、いろんな場面で使えます！

さあ
変身するぞ…!!

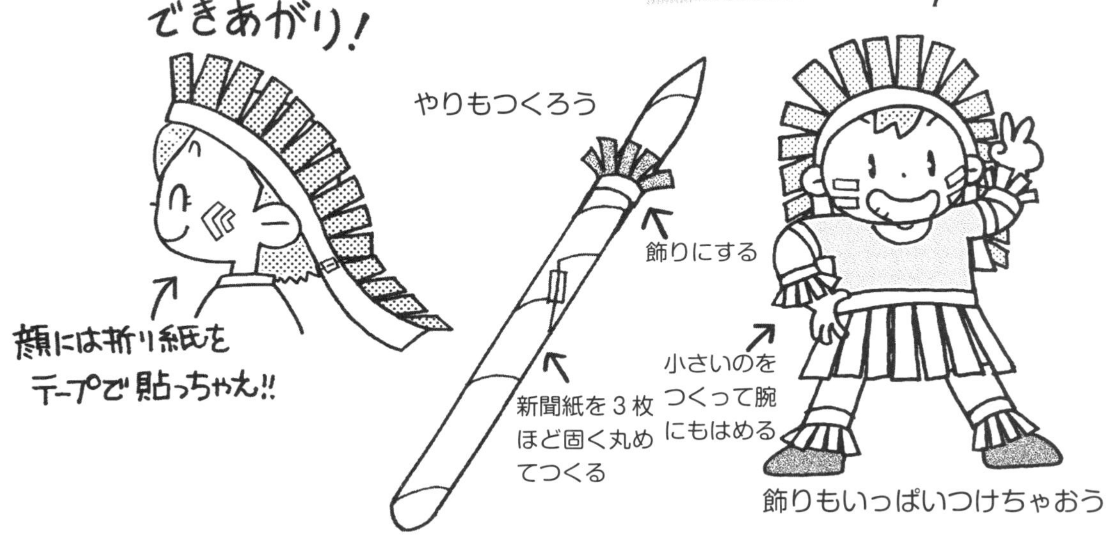
できあがり！
顔には折り紙を
テープで貼っちゃえ!!
やりもつくろう
飾りにする
新聞紙を３枚
ほど固く丸め
てつくる
小さいのを
つくって腕
にもはめる
飾りもいっぱいつけちゃおう

3年1組1班の
インディアン3人衆
かっこいいぞ…!!

紙けん玉大会で盛り上がろう

本物のけん玉は少々値段も張りますので、紙けん玉をつくって遊びましょう。けん玉は集中力をつけるのにもよい遊びなんですよ。班で競争をしても楽しいし、チャンピオン大会もするとがぜん盛り上がることでしょう。

つくり方

用意するもの 工作用紙　コンパス　たこ糸　わりばし

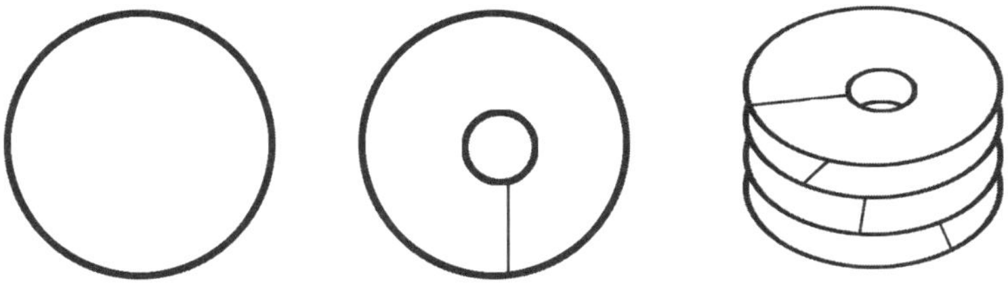

1　工作用紙に直径10cmの円を4つ書き、切りぬく。

2　真ん中に直径3cmの円を書き、切りぬく。円は切りにくいので、どこかに切りこみを入れて切るとよい。

3　4枚を貼りあわせる。この時、切りこみ部分はずらしてはるとよい。

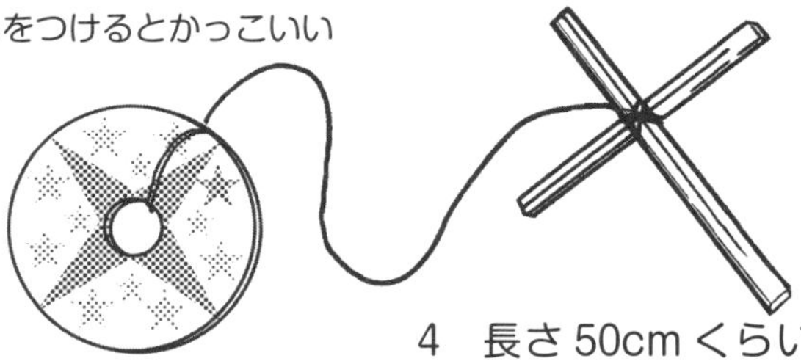
もようをつけるとかっこいい

4　長さ50cmくらいのたこ糸（毛糸でもよい）を円に結ぶ。わりばし2本を十字に結び、その結んだところへたこ糸をつなぐ。

遊び方

① 審判を決め、1分で何回入れられるか数える。

② 各班のチャンピオン大会をしたりするとおもしろい。

Point

●わりばしの先に色を塗って、点数をつけても楽しい。

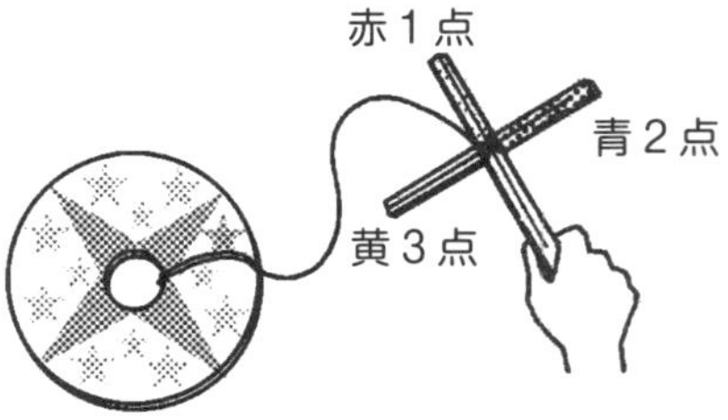
赤1点
青2点
黄3点

1
最近けん玉が
ちょっとしたブーム
2
ぼくもほしいけど、
ちょっと高いんだ…
げっ
おこづかいじゃムリ!!
¥0000
3
そんなある日、先生
がステキな提案を
最近人気の
けん玉を
つくって
みない？
えー?!
できるの?!
4
工作用紙
たこ糸
わりばしが
あればできるよ！
つくる!!
5
ジャジャーン！
できた
かっこいい
だろー!!
6
ぼくらは紙けん玉大会
で大フィーバー！
簡単にできて
皆大よろこび！
先生大好き〜!!
よかった
やった!!
こう?
よっ
下から〜
こう
こういう形も
いいね!!
紙けん玉大会

楽しく盛り上げる

●遊びやゲームでクラスを盛り上げよう

ゲームや遊びは、子どもたちを学級の中で楽しく生き生きさせることに役立ちます。

勉強やスポーツにすぐれた子どもが常々よく評価されがちですが、どの子にも「やったあ！」という思いを得られるチャンスがほしいものです。仲間と協力することで達成感を得られるよう、遊びやゲームを大いに活用しましょう。

この章で紹介する「ワイングラスのわりばし折り」や「輪ゴム貫通マジック」は、まず先生が挑戦してみてください。すると子どもたちも盛り上がれます。

●「やったあ！」という達成感を

簡単なあそび——たとえば「尺とりいも虫」(p98)や「心はひとつ　びっくりカード」（p106）も、仲間でワイワイ声をかけあったりして、その結果が出て「やったあ！」と盛り上がることができます。

得点表を黒板に書いたり、できあがるタイムをストップウォッチではかったりするのも効果的です。

●意外な結果に盛り上がる

「消えたダイヤモンドの謎」(p92)は、大人でもどうしてそうなるのか分からないふしぎな結果に盛り上がります。

その他のものも、「さっそく他のクラスの友だちや、家に帰ってお父さん・お母さんを驚かしてやろう」という思いにもなりますね。

●学級お楽しみ会で盛り上がる

クラスの子どもたちのお誕生日会を1カ月に2～3人まとめてひらいたり、「新学期がんばろう会」や学期末にお楽しみ会を計画するのもいいですね。

高学年なら、「お楽しみ会実行委員会」を立ち上げ、「ゲーム係」や「イベント係」をつくって計画します。出演出し物のグループや、プログラムをつくる準備も大切です。計画の中で、教師は内容へのヒントを出したり、本などを紹介するとよいでしょう。

先生の「かくし芸」も準備しておくと、いっそう盛り上がります。その中身は、この本からもいくつか「習得」しておいてくださいね。

ワイングラスのわりばし折り

先生のかくし芸用にぴったりです。
ぜひ覚えてやってみてください。

用意するもの　ワイングラス…2 脚　わりばし　水

やり方

① 両方のワイングラスに、半分程度の水を注ぐ。

② わりばしを割って、1 本をグラスにかける。それぞれのグラスの位置は、淵がわりばしの端から 3cm くらい内側にくるように。わりばしはワイングラスの中心線に合わせて置く。わりばしは平たい面を上にする。

③ 手刀を、わりばしの中央に力いっぱい振り下ろす。手刀の★部分が、わりばしの中央に当たるように。躊躇せずに、机をたたくほどの力で振り下ろすこと。

④ 強く打てば打つほど、グラスの水も震えないような鮮やかさでわりばしが折れる。

Point

- ●ガラスを扱うマジックなので、子どもたちには「家でマネしちゃいけないよ」とことわっておきましょう。
- ●やり方③の前に、一度躊躇してみせると効果的。ここは演技の見せどころです。
- ●大人ばかりの席ならば、水ではなく本物のワインでもいいでしょう。

これは友人からフランスみやげにもらった高級グラスです。
おっほん
水を注いで…
わりばしを置きます。
さあ、みごとに折れますかどうか……
えー
こわーい
前の人 気をつけてね
エーイ
ひ〜〜っ
ドキドキするなー
あ、ちょっと待った
ガクッ
やっぱり緊張するね。
さあ、気を取り直して行くよ
エーイ
しぱーん
パキッ
みんなは家でマネしちゃいけないよ。
おおーっ
すごーい!

輪ゴム貫通マジック

これはプロ級のワザです。ぜひ挑戦してみてください。
輪ゴム２本でできます。

やり方

① 右ページ１～３の手順で指に輪ゴムをかけ、 輪ゴムが抜けないことを観客に確かめさせる。

② この状態から、右手の中指で人さし指の輪ゴムをおさえる。

③ 中指でゴムをおさえたまま、人さし指をゴムから抜く。

④ 抜いた人さし指は、右手の親指にかかっているゴムの間に差しこむ。

⑤ 人さし指にゴムをかけながら右手中指のゴムをはずすが、この時、右手の輪ゴムを左手の輪ゴムにおしつけるようにしてから(←方向に)、中指のゴムをはずす。

⑥ そして左手の輪ゴムから離して、右ページ６のように「はずれた！」と演じる。

①

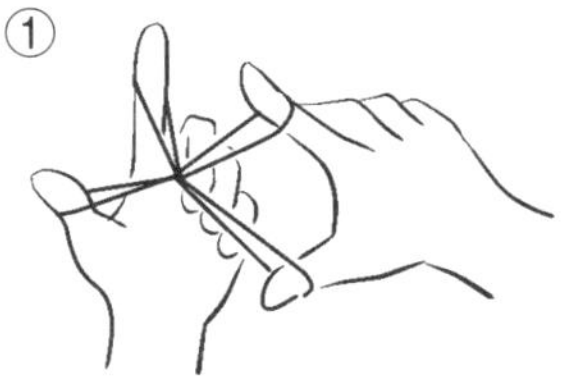

②③

中指でゴムをしっかり
おさえつけておこう

④

⑤

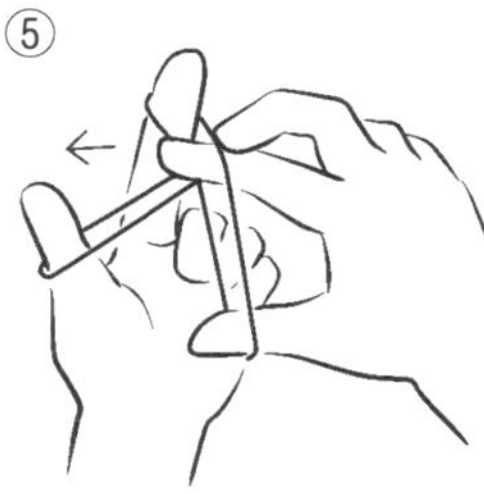

⑥

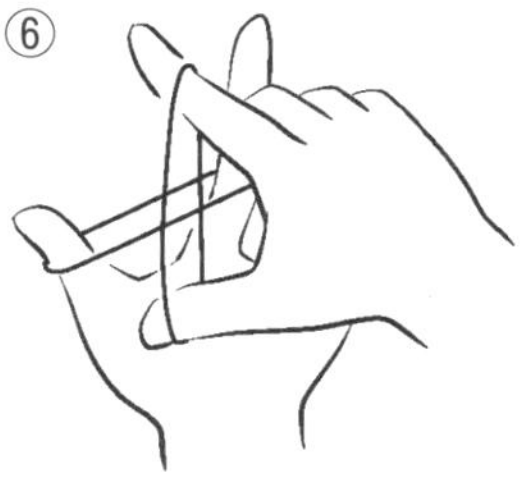

Point

●②～⑤の動作をすばやくすると、輪ゴムが通り抜けたように見えます。

●相手に一方の輪ゴムを持ってもらって、それに引っかけてもやれます。

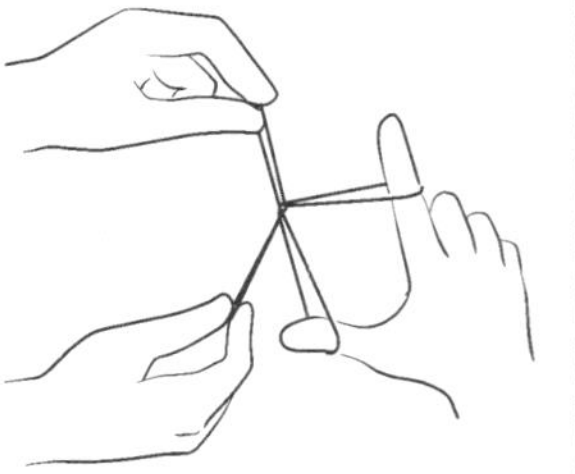

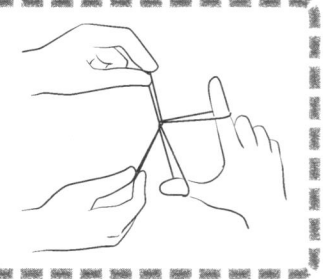

1
どこにでもあるような輪ゴムがここに２本あります。
2
１本は左手にこうかけて、
A
B
もう１本はこのように置きます。
3
親指と人さし指で輪ゴムをまたいで、左手と同じように指にかけます。
4
このように輪ゴムは交差していますね。
5
これがはずれたらふしぎだよね。
びょん
びょん
ぞー
はずれっこないよ
6
ほーら
はずれた
わぁー
ほんとだー
私もおぼえたい!

消えたダイヤモンドの謎

「あれーっ！　ふしぎ」ダイヤモンドが消えてしまうパズルカードです。なぜでしょうか。
考えてみてください。

用意するもの　画用紙　工作用紙　色えんぴつまたはカラーペン

つくり方

1　右ページ下段右側のダイヤのある絵は、全部着色する（色えんぴつかカラーペン）。左側のバラバラの４枚は白黒のまま。
2　それぞれを４片に切りとり、矢印の通りに同じ形を裏どうし貼りあわせる。
3　画用紙の間に工作用紙をはさみこんで貼ると、ひっくり返す時に扱いやすくなる。

遊び方

①　カラーの面を元通りにならべて、ダイヤモンドのある絵にならべる。
②　４枚とも裏がえして、絵が成立するようにならべると…、あらふしぎ、ダイヤモンドはどこかへ消えてしまった !?
③　裏返した時の各ピースの位置は、表の絵柄と同じようにならべる。絵の淵に三角マークがあるのを目安にするとならべやすい。
④　「ダイヤモンドはどこへ行ったか」を話しあうと楽しい。

Point

●右ページの絵は、120%か 150%くらいに拡大した方が使いやすくなるでしょう。

1
あやしい４人の男女がダイヤモンドをねらっているようだな。
あなたも十分あやしいよ
2
しかしダイヤをいただくのはこの怪盗ルンパ様だ!
下のパズルをつくってたしかめてみるといい

※●
※●のウラへ
※●
※△
このうらにはる（※△どうし）
はりあわせる
これはカラーに
※△

マジックバッグ

入れたものが変身するマジックバッグ（魔法の袋）です。何を入れようかな？　色画用紙は透けて見えないように、少し色の濃いものを使うとよいでしょう。

用意するもの　色画用紙（濃い目の色）　折り紙

つくり方

1　同じ色の色画用紙（正方形）を２枚ぴったり重ねて、半分に折る。
2　２枚を重ねたまま図のように折る。
3　右側も折る。
4　上の三角部分を１枚だけ下に折る。
5　残りの３枚は向こう側に折る。
6　折り紙を切ってハートの模様を貼る。（ここでできたポケットに、折り紙の葉っぱを観客に見せながら入れる＜右絵 4>）
7　向こう側に折った三角の２枚を手前に折り、ハートマークを貼る。
8　７でできたポケットの中に、あらかじめ折り紙の木を折りたたんで入れておく。根のあたりを内側にのりづけしておくと出しやすい。
9　右絵５～８のように演じる。

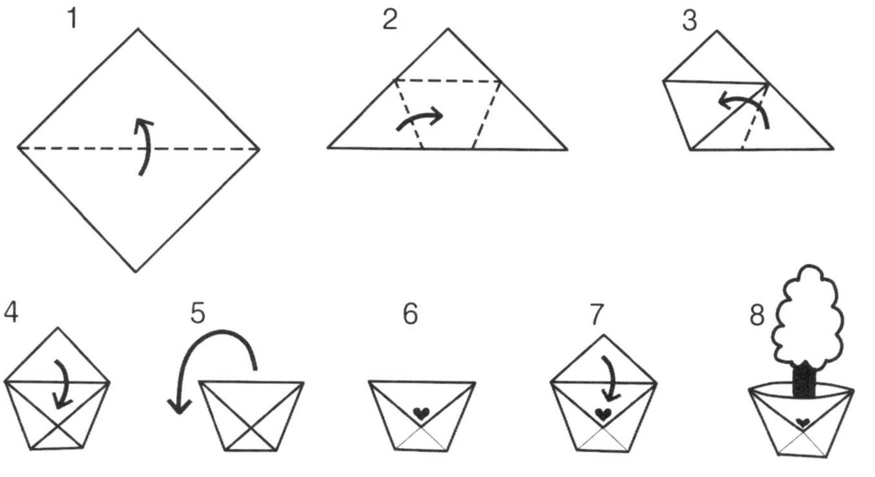

Point

●演じる場面に応じて、入れるものとたたんで入れておくもののアイデアがいろいろ考えられますね。

1
四角の色画用紙があります。
2
これを折って…
3
こんな袋ができました。
4
この袋の中に葉っぱを、パラパラっと入れます。
5
おまじないを
かけて……
6
パッと開くと……
消えました!
あー
消えた、
7
もう一度（袋にして）、おまじないをかけて…
2度目は3枚を手前に折る
8
エーイ!
木になって出てきました!
おー!
マジック
9
演じる場面に応じて、いろんなアイデアを考えてみよう。
おめでとう!
どんなの作ろうかな!
ワクワク

ふしぎ部屋をつくろう（エイムズの部屋）

東京の京王線終点、高尾山口駅近くに「トリックアート美術館」という施設があります。美術館の中にある、エイムズさんという人が考えたふしぎな部屋を、美術館の許可を得てご紹介しましょう。

つくり方

1　右ページの展開図を拡大コピーする。ただし、A3 程度の大きさではのぞいた時に焦点が近すぎるので、正面のドアのある正方形の壁は一辺 30cm 以上になるくらいに拡大する。それに応じて他のところも拡大する。
2　それぞれのパーツをダンボール板に貼ると、のりしろはなくても立てて使うことができる。
3　カラーにすると楽しい。
4　定規もつくっておく。

遊び方

①「ここにふしぎな家があります」
②「この穴からのぞいてください。男の子と女の子はどちらの背が高いですか？」
③　穴からのぞくと、同じ背の高さの男の子と女の子が、びっくりするほど違って見える。
④「定規をさしこんで背をはかってみましょう」（あれっ、同じ高さですよ）

Point

●学習発表会などで、大きなダンボールで子どもたちが部屋に入れるくらい大きくつくるのも楽しい。2 人が部屋に入って両側に立ち、他の人にのぞいてもらうと驚きです。

【トリックアートって何？】

トリックアートとは、おもしろい仕掛け（トリック）が施してあって、次々と驚かされたり感心させられたりする楽しい美術作品（アート）です。とびだして見える絵や動いて見える絵、鏡に映すとまともに見える絵などもあります。

トリックアート美術館にある「エイムズの部屋」は実際に人が入れる部屋になっていて、穴から写真を撮って、大きさの違いを後で確かめられるようになっています。

見てびっくりの
トリックアート。

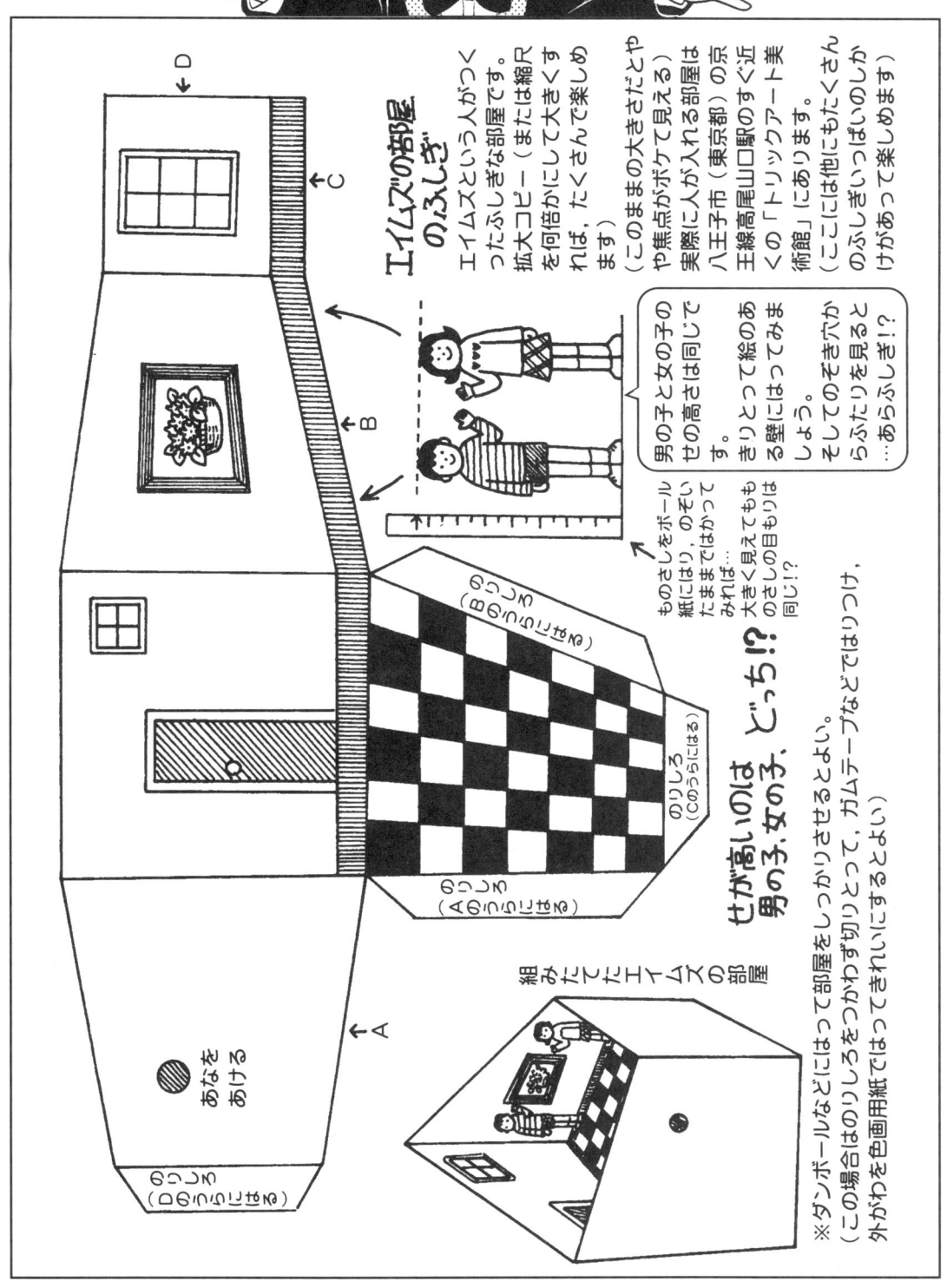

大きくつくって、穴から
中をのぞいてごらん

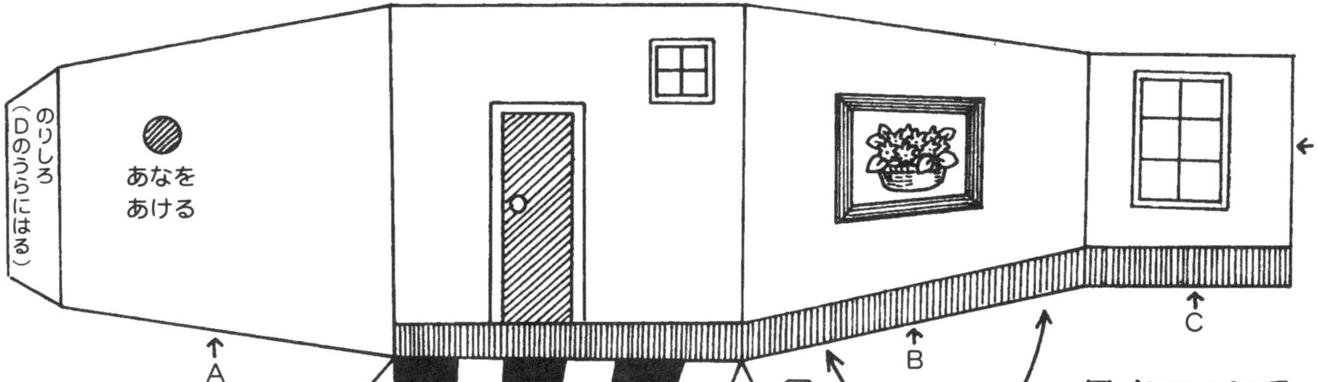
のりしろ
（Dのうらにはる）
あなを
あける
A
B
C
D

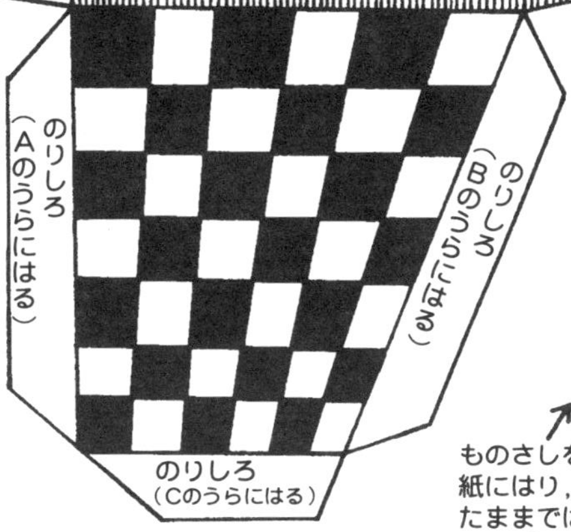
のりしろ
（Aのうらにはる）
のりしろ
（Cのうらにはる）
のりしろ
（Bのうらにはる）

組みたてたエイムズの部屋

ものさしをボール紙にはり，のぞいたままではかってみれば…
大きく見えてもものさしの目もりは同じ!?

男の子と女の子のせの高さは同じです。
きりとって絵のある壁にはってみましょう。
そしてのぞき穴からふたりを見ると…あらふしぎ!?

せが高いのは男の子、女の子、どっち!?

エイムズの部屋のふしぎ

エイムズという人がつくったふしぎな部屋です。拡大コピー（または縮尺を何倍かにして大きくすれば，たくさんで楽しめます）
（このままの大きさだとやや焦点がボケて見える）
実際に人が入れる部屋は八王子市（東京都）の京王線高尾山口駅のすぐ近くの「トリックアート美術館」にあります。
（ここには他にもたくさんのふしぎいっぱいのしかけがあって楽しめます）

※ダンボールなどにはって部屋をしっかりさせるとよい。
（この場合はのりしろをつかわず切りとって，ガムテープなどではりつけ，外がわを色画用紙ではってきれいにするとよい）

尺とりいも虫

「ペコ、ペコ、ペコ…」と動きながら、尺とりいも虫やカニ、水泳選手が進みます。紙の弾力を利用した、簡単で楽しい紙工作です。何年生でも楽しめます。

遊び方

① 右ページの絵をコピーして各々切りとる。色をぬっても楽しい。

② 図のように折って山形にする。

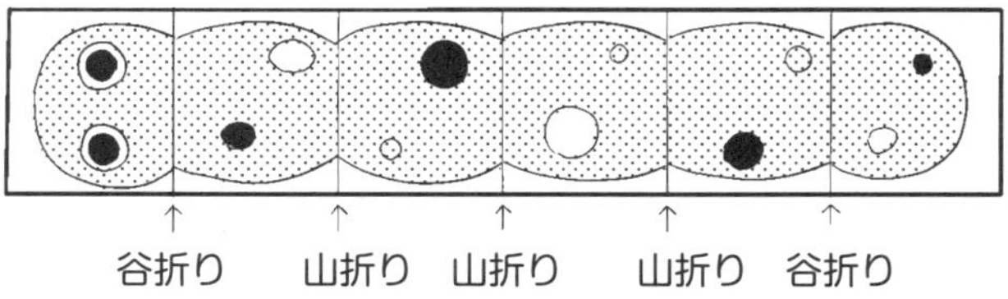

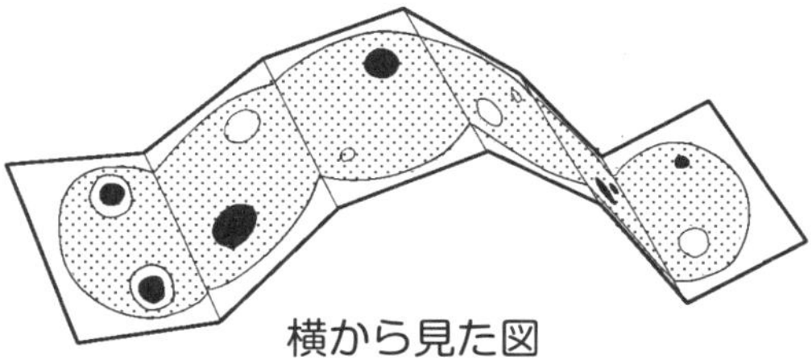

横から見た図

③ 床に置き、図の矢印部分をストローで吹く。口をすぼめて吹いてもよい。

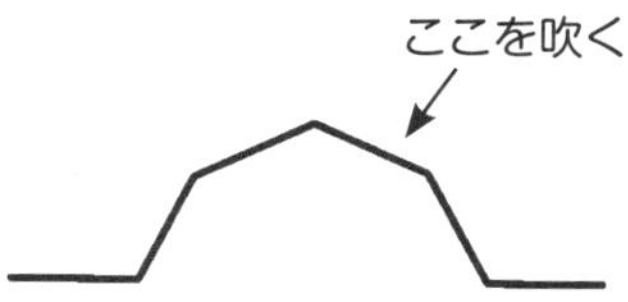

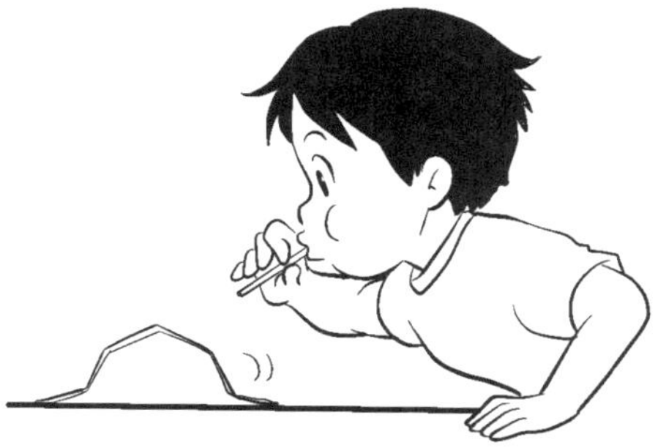

Point

- “フッ、フッ”と短く、弱く吹くと、おもしろい動きで進みます。強く吹きすぎると全体が飛んでしまうので、吹き方を調整しよう。
- 水色の色画用紙でコースをつくって、“競泳”をしてもおもしろいよ。

いも虫くんやかにさんが
おもしろい動きで 進むよ!
下の絵をコピーして切りとってね! 色もぬると楽しいぞ!!
ガンバレー

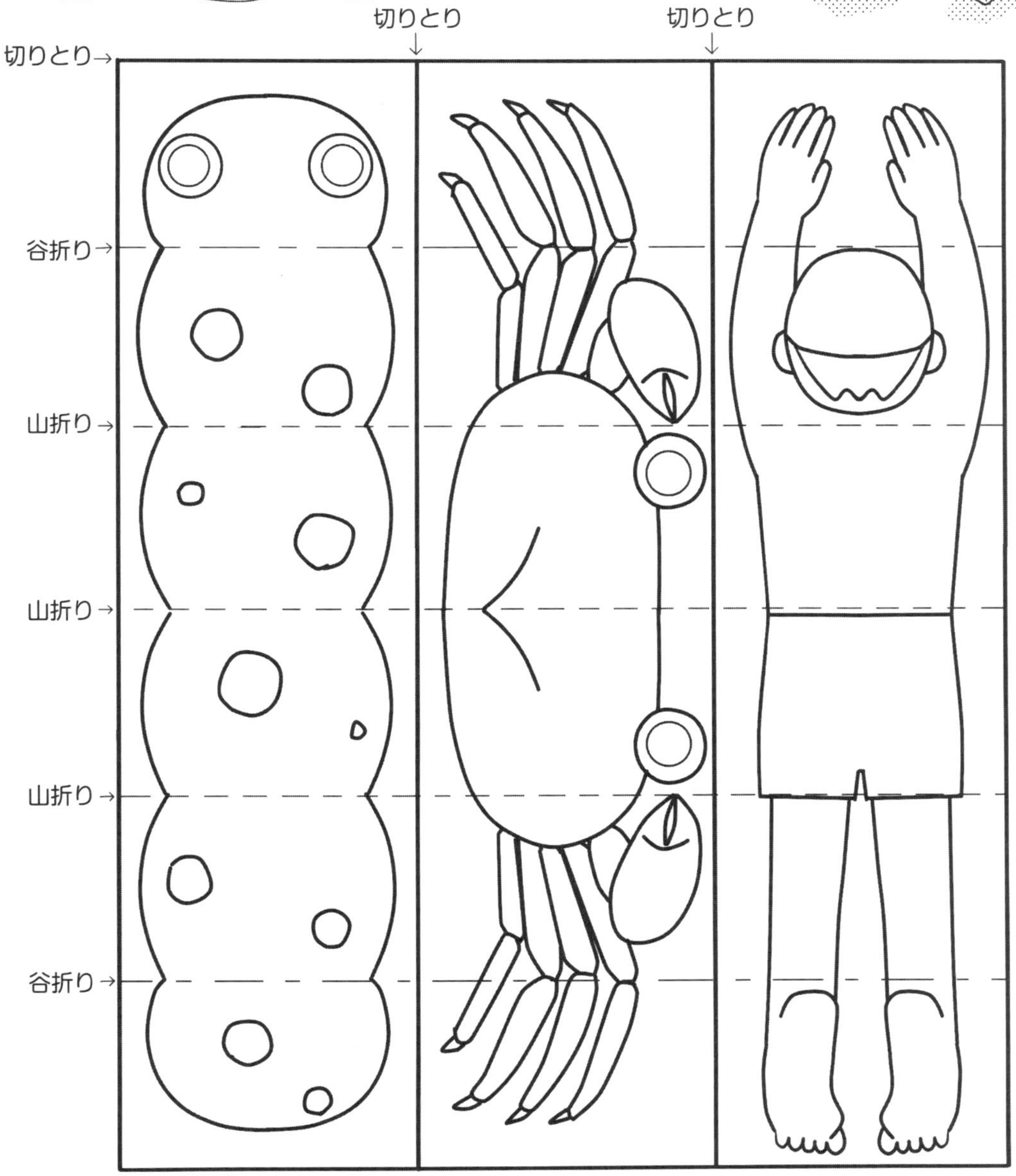
切りとり→
切りとり
↓
切りとり
↓
谷折り→
山折り→
山折り→
山折り→
谷折り→

組み紙風ぐるま

3色の折り紙を幅1cmくらいに切って、組んだだけでできる風ぐるまです。上から落としてヘリコプターに見立ててもおもしろい。簡単そうでも、ちょっと考えて組まないとできないですよ。

用意するもの 折り紙（3色） えんぴつ

つくり方

※右ページの絵を参照。

1　折り紙を3色重ねて、幅1cmくらいに切りとる。
2　それぞれを2つに折る。
3　赤に黄をかける。
4　落ちないように指でおさえ、
5　下から青を黄にかけ、赤の隙間にさしこむ。
6　三方へ順に引いて締める。締めるとVの字にくぼむ。
かるくテープでとめてもよい。

遊び方

①　えんぴつを中心にさして、落とさないように何m行けるかやってみよう（急ぐと落ちてしまう）。
②　えんぴつを使わずに、高い段の上から落としてもよい。（組み紙ヘリコプターになる）
③　高学年では「なぜ回るのか」など空気の学習に生かすのもよい。

Point

●中～高学年の子には、あらかじめできあがったものをグループに1個置き、「この見本をよく見てつくってください」「手でさわって分解してはいけません」と言ってからつくらせてもよい。

ヘリコプター
みたい
カンタンそうに見えても
意外と難しいぞ。
やってみる？
くるくるくる〜

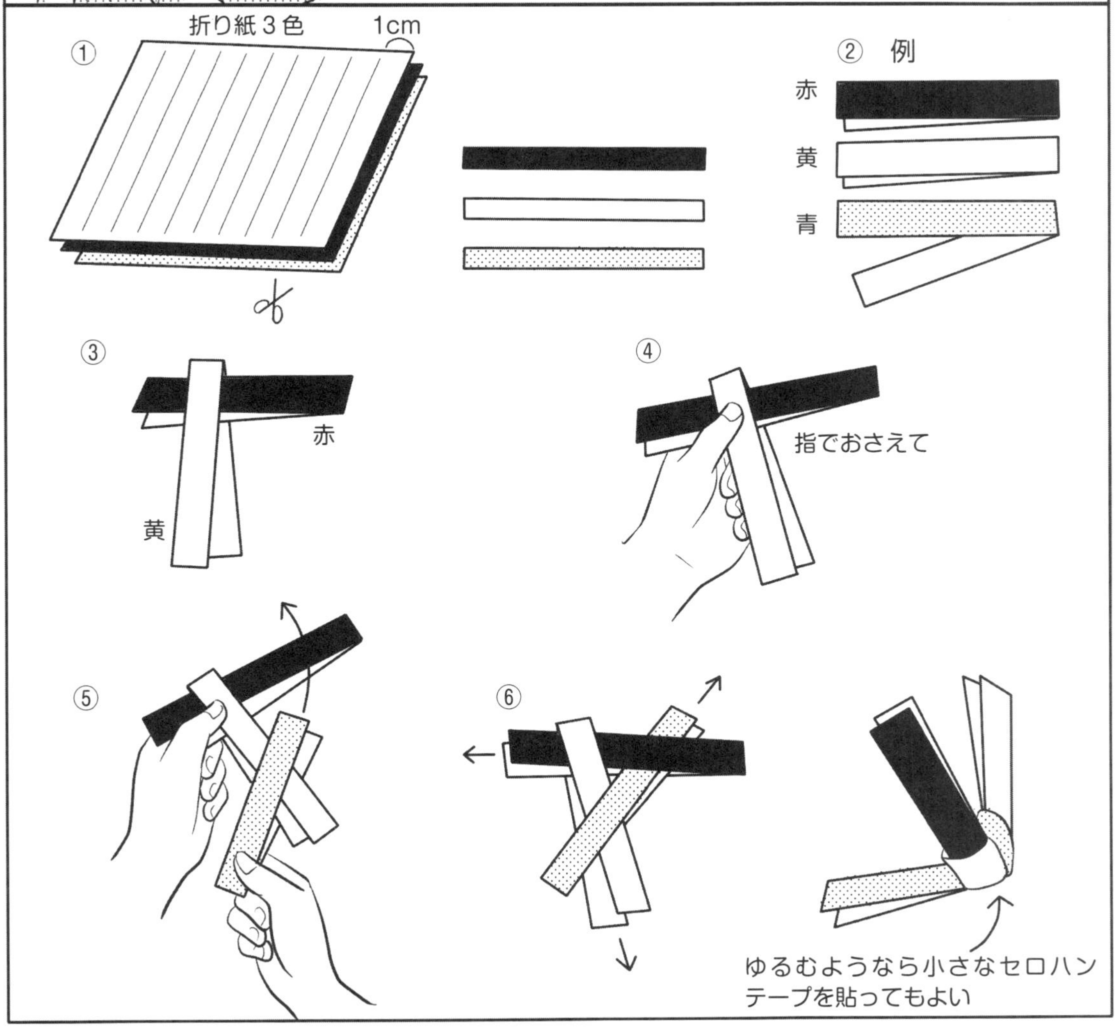
①
折り紙３色
1cm
② 例
赤
黄
青
③
赤
黄
④
指でおさえて
⑤
⑥
ゆるむようなら小さなセロハン
テープを貼ってもよい

魔法の手かがみから100円玉が出るぞ！

ひと振りすればどんどん100円玉が出てくる魔法があったら楽しいですね。p104の絵を実物大でコピーしてつくってみましょう。

遊び方

1枚（A）には裏表にマークを貼る

A　　B（裏はマークなし）

①　手かがみの絵を厚紙に貼り、輪郭にそって切りとり、マークを貼りつける。Bはポケットにしまっておく。

②　Aを水平に持ち、水平にぐるぐる回す。すると灰色の丸い形が見えてくるので、それを相手に確認させる。

③　確認させてから上にあげて「えい！」とさしだすと、なんとマークの上に100円コインが！

④　それを左の手のひらに移すようにして「はい、100円もうけました」と100円を見せる。

⑤　そして左手のコインをポケットに入れる。（実はあらかじめ別の100円を持っていて、ポケットに入れるふりをしてまた握っておく）

⑥　「もう1回やりましょう」（くるくる）
「ほら、何か見えてきたでしょう？　えいっ！」
「また100円もうかりました！」
何回かやったらポケットに入れて…

⑦　「きみもやってみる？」（ポケットのBとすりかえて出すとよい）
「水平にくるくる回して…」
「ほら、出てきた出てきた…」
「えいっ！」（すりかえてあるので、相手はコインを出すことはできない）

たねあかし

●遊び方③で、あらかじめもう一面に両面テープなどで100円コインを貼りつけておき、「えいっ！」と振り下ろした時、裏に回転させてさしだし、それを左手にわたしたと見せかけてまた元の面を見せるわけです。

1
これはひと振りすると100円玉が出てくる魔法の手かがみ。
えーっ
そんなのあるわけないよー
2
そんなに言うならやってみせよう。
3
ぐるぐるまわして〜〜
グルグル
灰色の丸が見えてくるだろう?
ほんとだー
4
ひょ〜っ
むんっ
5
えいっ!
ほら、100円もうけちゃった。
うそー!
なんで〜
パチパチ
6
やってみるかい?
おこづかいふやしたーい
やりたーい
7
なんで?
あれ? 出ない〜
えいっ えいっ
さあ、どうしてだろうね?

魔法の手かがみから100円玉が出るぞ！　型紙

マーク

手かがみ

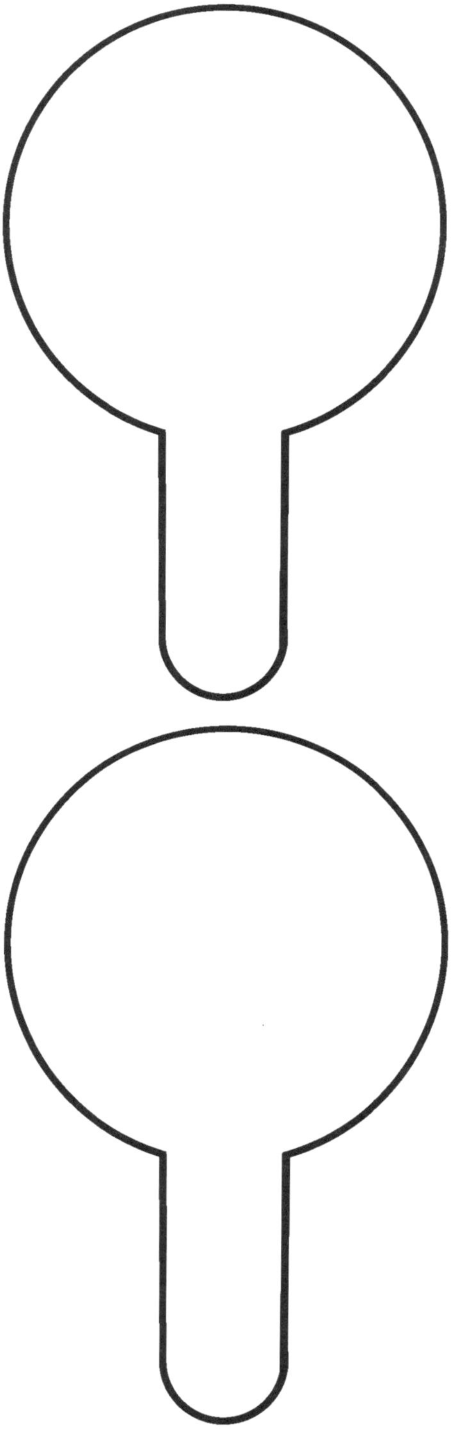

心はひとつ　びっくりカード　型紙
150%くらいに拡大して、画用紙に印刷します

心はひとつ　びっくりカード

クラスの仲よし度をはかる診断（？）マジックです。
最後に全員のマークが揃うと一気に盛り上がりますよ。

遊び方

①　p105のカードをコピーしてわたし、各自8枚に切りとる。

②　そのうち1枚にだけ表（白地）にハートのマークを書いて、赤でぬる。

③　「8枚ともよくシャッフルして（まぜて）ください」（みんなハートのカードは違ったところにある）

④　「カードを表にして、右・左・右・左……と4枚ずつ2つの山にします」

⑤　「ハートのカードがある4枚の山の上に、ハートがない山（白カードだけの山）の4枚を重ねてください」

⑥　「この8枚のカードを、④と同じように左右4枚ずつにわけます」

⑦　「⑤と同じように重ねます」

⑧　「もう一度④⑤のようにして、全部裏に向けてください」（3回同じことをすることになる）

⑨　「そして、上から『ワン』『ツー』と2枚机の上に置いて、」

⑩　「『スリー！』で、上から3枚目のカードをみんなで上にあげてください」
上にあげたカードは全員がハートマークになる。みんな揃わなかったら、手順を確かめてもう一度やってみる。

②

この場合、下から
3枚目に
ハートのカード

④

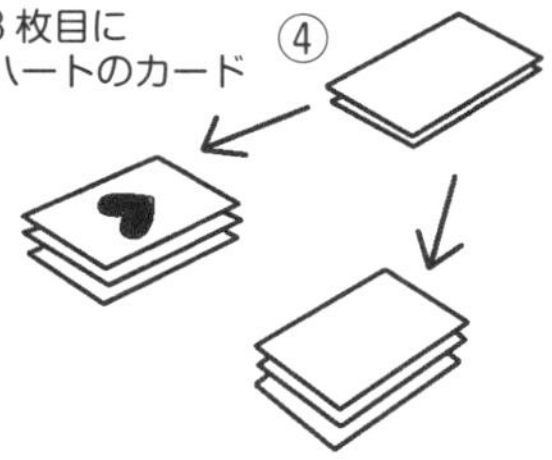

⑤

⑥

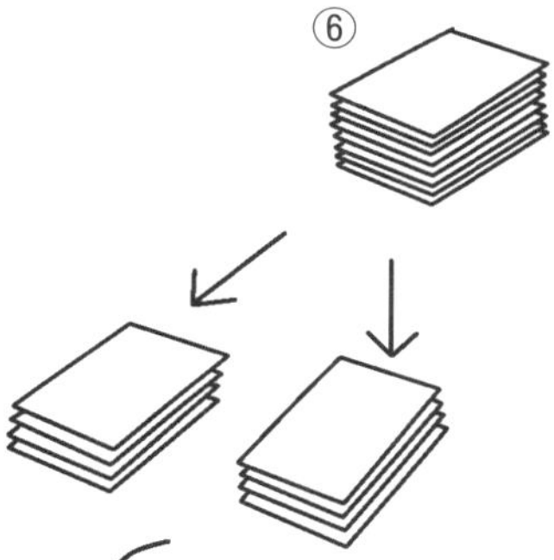

⑧

⑨

⑩

1
このクラスが仲よしクラスかどうかがわかる方法があるよ。
えーっ
何それっ
2
へー
このふしぎなカードを使ってたしかめてみよう。
やってみたい
3
みんな８枚のカードが用意できるかな。
はいっ
はいっ
4
先生の言う順番でやってみてね。
はーいっ
まずは…
5
そして…
さあいよいよ、ワン・ツー・スリーで結果が出るよ。
6
ワン!
ツー!
7
スリーッ!
8
やったー!
仲よしクラスだねっ
でもどうして?

保護者と一緒に楽しむ

●保護者と過ごす貴重な時間

授業参観や保護者会が、ただ授業を観てもらうだけ、一方的に教師が説明するだけの場になってしまってはいませんか。それではせっかく仕事を休んでまで学校に来た保護者の方々には不満が残ります。

保護者のみなさんが安心と満足を得られる学級づくりと授業づくりのために、工夫できることはたくさんあると思います。

●教師と保護者と子どもを結ぶ“遊び”

その１つとして、たとえば授業参観のラスト５分ほどを利用して親子遊びを取り入れたり、保護者会で子どもと家庭で楽しむ遊びを紹介したりするのはいかがでしょうか。保護者のみなさんの教師に対する親しみや信頼感が増すことでしょう。

子どもたちに対しても、「どんなもんだい！」と家庭で得意になれるような学習遊びやテクニックを伝えられれば、子どもたちの自信につながります。

●子どもたちがリードする学級遊び・クイズ・歌を

授業参観の授業の最後に、日ごろ楽しく取り組んでいる歌を披露すると和やかな雰囲気をつくれますし、保護者のみなさんと一緒に歌うのも楽しいですね。

「お母さんたちに、クイズを出します」と子どもたちにリードしてもらうのもいいでしょう。

また、「学級だより」などで、親子でできるゲームや遊びを紹介するのもよい方法です。

この章で紹介する題材の他にもたくさんの遊びが有効ですので、授業参観等でぜひ活用してみてください。

かえるの学校

楽しいジェスチャーソングです。『かえるの夜まわり』の歌詞の「夜まわり」を「学校」にかえて歌います。
手を出したり引っこめたり、歌詞に合わせてユーモラスにやりましょう。参観日に父母のみなさんも一緒に歌ってもらいましょう。

※原題は『かえるの夜まわり』ですが、現代の子にそぐわないので「学校」にかえました。

遊び方

曲に合わせて、

① 手を打つ（かえるのがっこう）。
② 手をちぢめる（がっこ）。
③ 手をのばす（げっこ）。
④ 指を上にはじく（ピョン）。
⑤ 指を鼻の前で立てる（ラッパふけ）。
の５ポーズをして歌う。

最後の方は、忙しくなりますよ～。

かえるの夜まわり

野口雨情：詞　中山晋平：曲

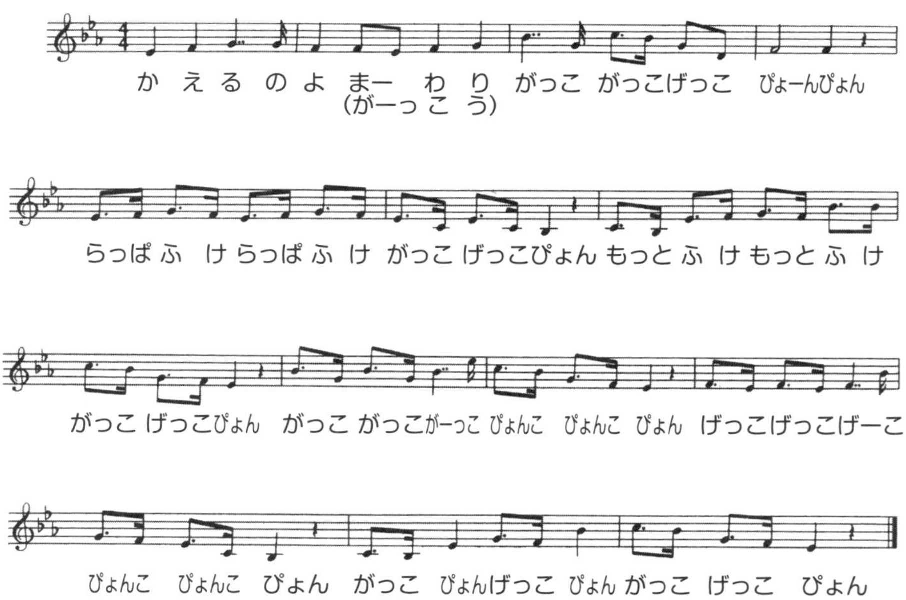

か え る の よ まー わ り がっこ がっこげっこ ぴょーんぴょん
(がーっ こ う)
らっぱ ふ け らっぱ ふ け がっこ げっこぴょん もっと ふ け もっと ふ け
がっこ げっこぴょん がっこ がっこがーっこ ぴょんこ ぴょんこ ぴょん げっこげっこげーこ
ぴょんこ ぴょんこ ぴょん がっこ ぴょんげっこ ぴょん がっこ げっこ ぴょん

参観日
今日は、お父さん、お母さんにも一緒に歌っていただきまーす。
ジェスチャーに合わせて歌ってください。
わーい
おかーさーん

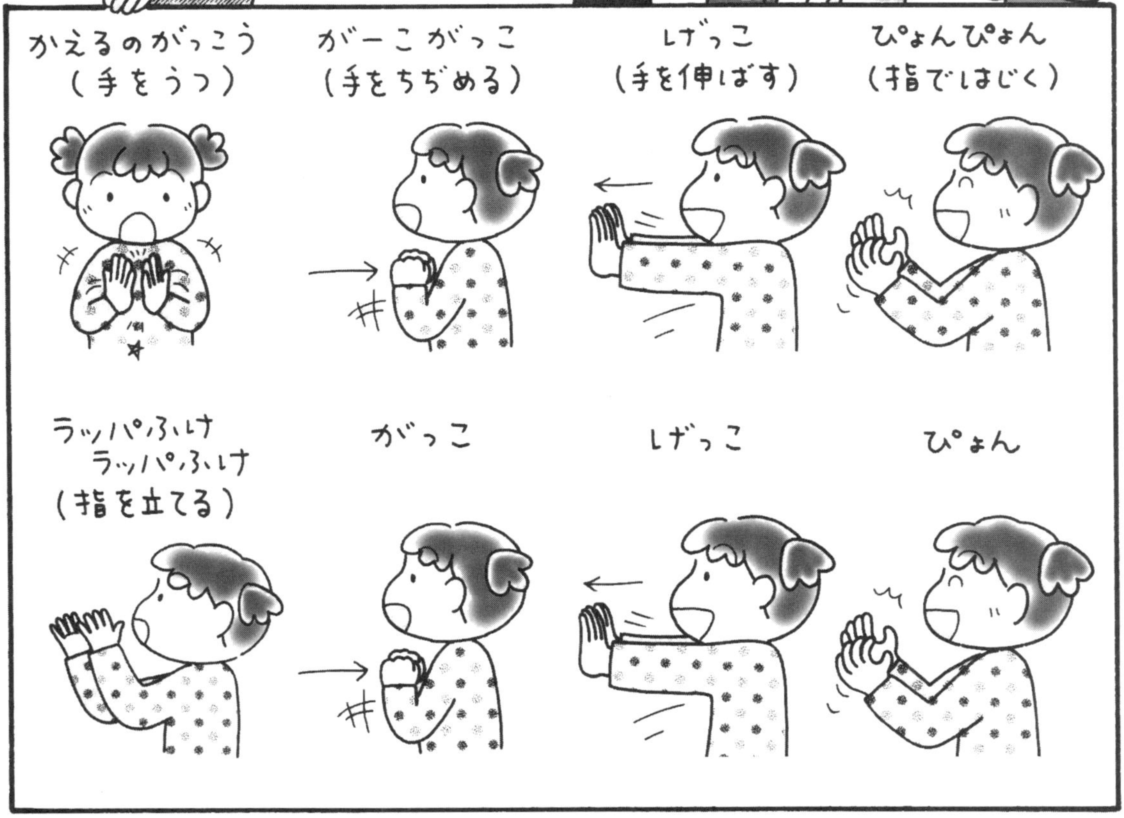
かえるのがっこう
（手をうつ）
がーこがっこ
（手をちぢめる）
げっこ
（手を伸ばす）
ぴょんぴょん
（指ではじく）
ラッパふけ ラッパふけ
（指を立てる）
がっこ
げっこ
ぴょん

さいごは忙しくなるよ～
がっこ
げっこ
ぴょん
まちがえたー
えー

ユーモアで盛り上げるクイズ遊び1

2、3分で楽しめるクイズは参観日の最後や授業前にちょっと取り入れると雰囲気が楽しくなります。
「クイズを出します。今日、参観に来られたみなさんもご一緒にお考えください!!」

遊び方

【進め方の例】

「クイズを3問出します。全問正解者には賞品をあげましょう。動物クイズです」

●第1問　耳の長い動物は？
① 子ども「うさぎ！」
② 「正解。おや、全員正解ですね。やさしすぎたけど全員第1問クリアです」

●第2問　鼻の長い動物は？
① 子ども「ぞう！」
② 「やはり全員正解ですね。これでは賞品が足りないかも…。でも、第3問は難しいよ。おまけに答えは10秒以内ですからね」

●第3問　めの長い動物は？
① 子ども「えー、何それーっ？」
② 「10、9、8、7……3、2、1、ブブー！」
③ 「めの長い動物、それは…ヤギです。だって“メ〜〜〜ッ”ていうでしょ？」

参観日特別
大サービスクイズ！
3問とも正解者には
なんと賞品が！
おー
やるやる—
第1問
耳の長い
動物は？
さて
うさぎ〜
ハイ
全員正解。
では。
第2問
鼻の長い
動物は？
ピノキオ？
ちがうちがう
ナーンテ
せーの
ぞう！
かんたんすぎる
ゾウ〜
フッ
賞品はいただきだ！
これも全員正解。
それでは…
コホン
第3問
こんどは
難しいぞ
めの長い
動物は？
10秒
以内ね
？
…くじら？
…2.1.0！
残念でした〜
答えは
・・・・です！
あはははは
なんだ〜

おじいさんのしわは何本？（4 × 8 ＝しわ 32 本）や、
この櫛の歯は何本？（9 × 4 ＝くし 36 本）など、
言葉のシャレで遊ぶクイズも楽しいですね。

遊び方

【進め方の例】

「クイズを 3 問出します。3 問とも正解した人には賞品をあげます。
第 1 問と第 2 問は算数の九九クイズです」

●第 1 問　お兄ちゃんがあげたおせんべいは何枚？

① 「お母さんがお兄ちゃんに、『弟と仲よく分けなさい』とおせんべいを 10 枚わたしました。でもお兄ちゃんはズルをしました。弟には何枚あげたでしょうか？」

② 子ども「え、3 枚？」

③ 「どうして？」

④ 子ども「えーと……？？」

⑤ 「答えは 4 枚です」

⑥ 子ども「どーして？」

⑦ 「だって兄さんが 6（2 × 3=6）でしょ？　だから弟には 4 枚だね」

●第 2 問　集まった子どもの人数は？

① 「朝から公園で子どもが 15 人遊んでいました。『お昼からもまた友だちをつれて遊ぼう』と言って、お昼ごはんを食べた後、集まりました。さて、何人集まったでしょうか？」

② 子ども「うーん、わかんなーい」

③ 「答え。お昼から（午後）だから、午後 25（5 × 5 ＝25）人だよー」

●第 3 問　これは難しい問題。答えは 3 つあります。
ここに 1000 円札があります。

① このおひげのおじさんの名前は？（野口英世）

② 裏に富士山の絵と花が描いてあります。何の花？（さくら）

③ このお札の番号は？（わかりっこないよ～）

「全員はずれ！　賞品はおあずけです」

参観日恒例クイズ大会〜！
今日は算数九九クイズ！
2問とも正解したら賞品が出るよ。
わ〜
よしっ
ほ〜
あらまあ
やろうぜ
賞品につられてしまう〜
第1問
10 枚のおせんべいをもらったお兄ちゃんと弟。お兄ちゃんは弟に何枚あげたか？
わーい
ハイ
ハイ
ありがとう
ニャッ
半分こでしょう？
えーと…
じゃんけんとか？
第2問
朝から公園で 15 人の子どもが遊んでいました。お昼ゴハンを食べにいったん帰ってから、また集まりました。さて何人集まったか？
わからん
うーん
難しいわね…
わかんない…
わかる？
ねえねえ
えーと
おまけの3問目！
びしっと
むずかしいよ。
ニャ

みんなで相談　長さ当て競争

授業参観は教室での子どもの姿がわかる貴重な機会です。授業の様子を見ていただくことも大切ですが、保護者と子どもが一緒になってつくる時間も大いに取り入れたいですね。体育館でやるとおもしろいですよ。

用意するもの　紙テープ…各班に１個

遊び方

①　体育館で、各班（または親子１組）に紙テープを１個ずつ配る。班ごとにテープの色を変えるとよい。

②　教師がやり方を説明する。

「次の長さを相談して、テープを切りとってください。近づいてはだめ、目ではかってください」

第１問　私の身長は？

第２問　あの平均台の端から端までの長さは？

第３問　体育館の横幅の長さは？

③　制限時間（2～3分でよい）まで相談して、テープの長さを決めて切る。

④　「では、どの班がいちばん近かったでしょうか」

多い順に30点、20点、10点と点数をつける。いちばん多く得点した班が優勝。

Point

●１問ずつ順番にやって、そのつど結果を発表するとよい。

●長さをはかる他の例として、体育館にあるものでは「とび箱のいちばん下の台１周まわり」など、いろいろ探せます。

●保護者が欠席した場合は、教師が一緒に組んだり、数人で班をつくるなどして対応してください。

各班に
紙テープを1個ずつ
さしあげます。
これから言う
長さを目ではかって
切りとってください。
ニャッ！
〈第1問〉先生の身長は？
STOP!
先生には
近付かないでね。
このくらい
だっ！
どうかしら
ねー
えー
こんなに？
これだ！
もっと
長いよ！
そ、そうかな
〈第2問〉平均台の長さは？
?
わかる
かな？
これくらい
かな？
そうねえ
ちがうちがう
短すぎるよー
え、
もっと？
もうちょっと
だなー
そう
だね
〈第3問〉体育館の横幅は？
立って調べちゃ
ダメだよ〜
ニャッ
もっと
もっとー
おーいくねー
まだ足りないわねー
長すぎて
わかんないよー
これ
全部だ！
またまた
足りる
かなー
大丈夫よ

重いのはどの箱？

おもしろいパフォーマンスは笑いを巻き起こします。教師や父母が意外な演技者で、みんながすっかりだまされると楽しいですね。少々大げさに演技してもらうよう、保護者の協力も必要です。

用意するもの　ダンボール箱…各班に１個　中に入れる品物

遊び方

① 班が５つなら、同じ型のダンボール箱を５個用意する。

② みんなにはナイショで、あらかじめ中に右絵のような品物を入れて、テープでとめておく。

③ 各班代表の人に、出てきてＡ～Ｅの箱の前に各々立ってもらう。出題班の「ではどうぞ！」の合図で箱を持ちあげてもらう。

④ あらかじめ、その人たちには重くても軽くても持ちあげる時「演技」をしてもよいと伝えておく。箱をゆすったり投げたりしないという条件を出すのも忘れずに。

⑤ 各班、紙にだれの箱が（Ａ～Ｅ箱）重いか書いて出題班にわたし、各々中をあけて調べてもらう。

⑥ 「当たった班は 30 点」などと決めて点をつける。

⑦ ２回戦は出題班をかえて、影で中身も入れかえて行う。

Point

●箱を持ちあげる時の演技がこの遊びのミソ。たくみなパフォーマンスとそれを見破る駆け引きが、雰囲気をいっそう盛り立てます。

●保護者チーム対子どもチームでやってもよい。

●箱の中身は楽しいものをいろいろ考えましょう。

各班に対して、1個ずつのダンボール箱を用意する。
ナイショで中に次のような物を入れテープでとめておく。
A.ふうせん
B.用紙一束分
C.空き箱
D.消しゴム1個
E.ドッジボール
では、持ち上げて下さい！
スタート！
重さにかかわらず、演技してよい
んっ重いぞ～
軽
わー軽ーい！
重
ひょい
？
わからないわ～
どう思う？
うーん、あやしい……
※・箱をゆすったり、投げたりしないでね。
各班、紙にどの箱が1番重いかを予想して書き、出題班に渡す。
ハーイ
ハイ
自信あるよ
当たってますように……
では箱を開けて中身を調べてみましょう！
オープン！
ピース
ふうせんでした！
あんなに重そうだったのに～
そんな～
え～
ふふふ
だまされちゃったわね～
得点表もつくろう！

フワフワUFOのゴルフ大会

折り紙と色画用紙で簡単につくれて大人も盛り上がるゴルフ大会を、みんなで楽しみましょう。

つくり方

【フワフワ UFO】

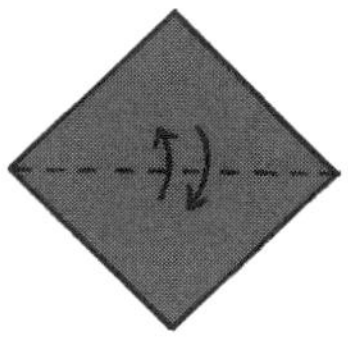

1　折り紙を半分に折ってまたもどす。

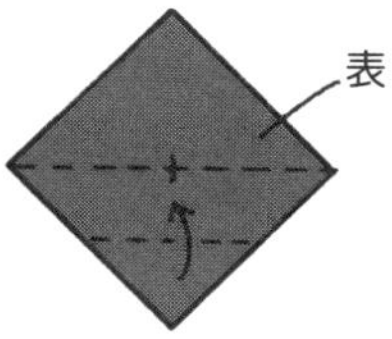
表

2　真ん中を目安に折る。

3　もう 1 度折る。

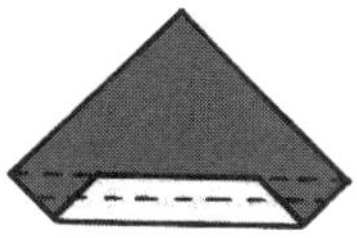

4　もう 1 度折る。

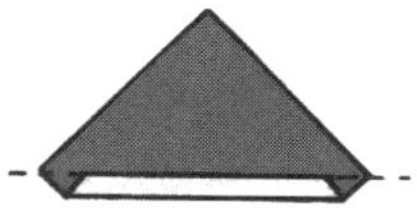

5　さらにもう 1 度折る。

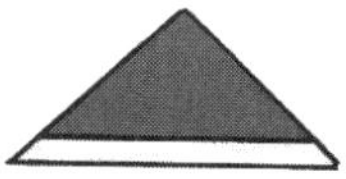

6　このようになる。

7　これをぐるっと丸く曲げ、

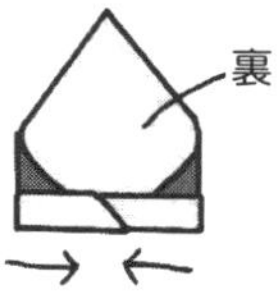
裏

8　すき間にさしこむ。

9　重なったところに5mm ほど切りこみを入れ（破き）、

10　外側と内側に折り曲げる。

11　丸みをうまく調節して、まっすぐ飛ぶようにする。

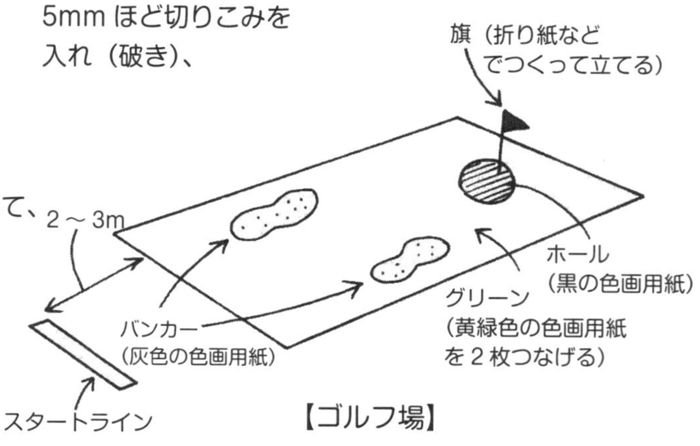
旗（折り紙などでつくって立てる）
2 ～ 3m
ホール（黒の色画用紙）
グリーン（黄緑色の色画用紙を 2 枚つなげる）
バンカー（灰色の色画用紙）
スタートライン

【ゴルフ場】

フワフワUFO
親子ゴルフ大会を
しましょう。
ゴルフ得意でして
ほお
わーーい
UFOをつまんで持って
ふむ
ふむ
ちょっと押すように
前に投げて飛ばすんだよ
でも
まっすぐ飛ぶとは限らない
フワフワと右に左に飛ぶよ。
エイッ
あれっ
フワフワ
体育館はフワフワUFO
親子ゴルフ大会で
大盛り上がり
お父さんも
大はりきり
よーし
負けられんっ
そうですねっ
がんばれー
穴にひっかかったら
ホールインワン!
10点
グリーンにのったら
3点
グリーンをはずれたら
0点
バンカーにのったら
-2点
あっちだよー
エイッ!
おっ!
あーあぶない
がんばれ!
おもしろそう

おもしろマジックで 数字をピタリと当てる

だれにもできて楽しいマジックです。
最後は「なーんだ」となるユーモアマジックです。

用意するもの ハンカチ（透けて見えないもの）
カード５枚（トランプでも画用紙を切ったものでもよい）

遊び方

【進め方の例】

① １人の子に前に出てきてもらう。
② 「ここに、１から５までの数字を書いたカードがあります。この中から１枚を選んでみんなに見せて（私には見せない）」
カードを子どもにわたして選んでもらう。
③ 「5 枚をまぜこぜにして私に返してください」
④ 「この５枚のカードにハンカチをかぶせて…」
⑤ ハンカチをつまんで上げ、中の様子を見る演技。
⑥ 「まず、最初の数字ではないようですね」と言って１枚を取り出し、裏向きにして机の上に置く。
⑦ 「2 枚目の数字は…（相手の顔を見ながら）これでもないかな。当たっていれば鼻がピクッと動くんですが…」
⑥と同様に机の上に２～４枚目も置く。
⑧ 「最後に残ったハンカチの中の数字が、みんなが見た数字ということになるね。ところで、みんなが見た数字は何でしたか？」
⑨ 子ども「3 です」
⑩ 「そうですか！　ハンカチの中に残っている数字は…」
ここでおもむろにハンカチを引いて、
⑪ 「はい！　この通り３でした！」

たねあかし

1　４枚目を取り出す時は、２枚重ねて机の上に置き、
2　指を立てて、まだカードが残っているように見せておく。
3　最後に「ハンカチの中に残った数字は」
（「カードは」ではなく）と言う。
4　相手が言った数字の指を出すのは当然ですね。
楽しい話しっぷりでやると効果的ですよ。

ここに5枚のカードがあります。
山田くん、1枚を選んでみんなに見せて。
ふむ ふむ
5枚をよくまぜたら先生にください。
ハイ。
チャッ チャッ
5枚のカードにハンカチをかぶせます。
これは違うみたいだね。
チラ
ウラ
1枚
ふむ
これも違うようだ
え
これも
2枚
3枚
これも違うね
4枚
ハンカチの中に最後に残った数字が、きみが選んだ数字だね。
わくわく
山田くんが選んだ数字は
これでしょう!?
あたりー!
あははははは

草花遊びをしよう

校庭や家の近くの道ばたにある草花を使って、
家族で遊びましょう。

つくり方

【ススキの葉切り】

1　ススキの葉の上の部分を5cmくらい残して、芯を残す。

2　●印の部分を引っかけて、相手の葉を引いて切りとる。2本とも切られたら負け。

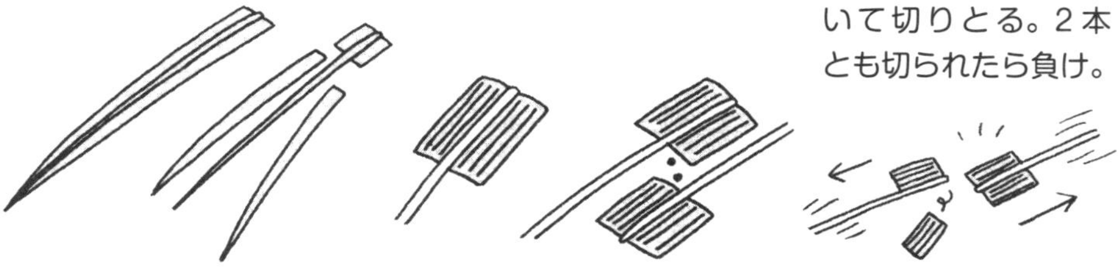

【ツバキの葉ぞうり】

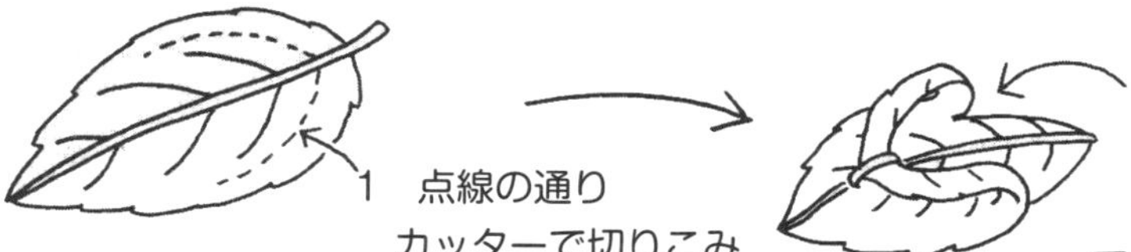
1　点線の通り
カッターで切りこみ
を入れる。
2　柄をさしこむ。
できあがり

【エノコログサのムク犬】

エノコログサは「ネコジャラシ」の名で呼ばれている。

1　エノコログサの穂を５本用意する。
まずは２本を図のように持ち、内側に向かって巻く。

2　茎の隙間に穂の先をはさむ。

A
B　右も同じようにする

3　AとBの茎を持ち、左右に引く。

4　片方だけ切る（頭になる）。

5　さらに２本で１のようにつくり、今度は穂のはさみこむ部分は少なくして、３のように左右に引く。

胴になる

6

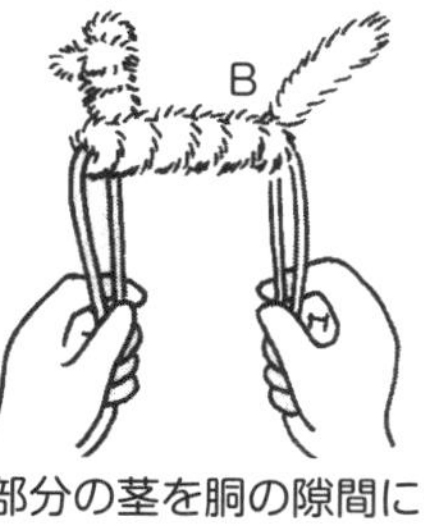
A
B

（イ）頭になる部分の茎を胴の隙間にさしこむ。
（ロ）残りの１本をBの部分から茎にさしこむ。
（ハ）両手で足を持って動かすと、しっぽをユーモラスに動かすムク犬になる。

今日は、木村さんのおばあちゃんを、草花遊びの先生としてお招きしました。
よろしくね
わあ
おばあちゃん
ススキの葉っぱで勝負をしましょう。
ではさっそく…
いちばんおすもうが強い子はだれかな？
ハイ、ぼくです！
わんぱくずもう横綱です
ほんとか〜？
ウソ〜
じゃあね、●のところを引っかけて、引いて相手の葉を切りとるの。
ゴゴゴゴ…
２本とも切れたら負けよ
いくわよ…
バチッ
よし…
ゴクリ
エイッ
ヤー
さすがです
おほほほ…
まいりました…
おばあちゃんスゴーイ！
ガクッ
わーい
ほかにも教えてあげるね
やりたーい
おばあちゃんステキ
お願いします。

ラストアドバイス

●学級づくりの基本中の基本は「よくわかる授業」

学級づくりのキーワードは「楽しくなければ学校じゃない」です。

子どもたちが毎日楽しい思いで、「今日はどんなことがあるのかな」とワクワクした気持ちで登校できたら素晴らしいですね。そのためには、単に「おもしろい・おかしい楽しさ」があるだけでなく、まず「学ぶ楽しさ」があることです。

工夫された教材を、どの子にも「あーそうか」「わかったぁ！」と実感できる授業の工夫を、研修会や本で学びましょう。

●いじめのない仲よし学級

「いじめ」問題は今もなかなか克服されない深刻な状況です。仲間を大切にする気持ちを、普段から意識的に持たせることが必要です。また、教師には「いじめ」の芽を発見する目が必要ですし、深刻にならないうちに手を打つ行動力が求められます。

●教師力の樹

「最初がかんじん」という原則は、どんな場合でも重要なことで、もちろん学級づくりにも当てはまります。その基本は、教師自身が身につけた「教師力」とも呼べる教師の力量にあります。

下の図をご覧ください。これが“教師力の樹”です。

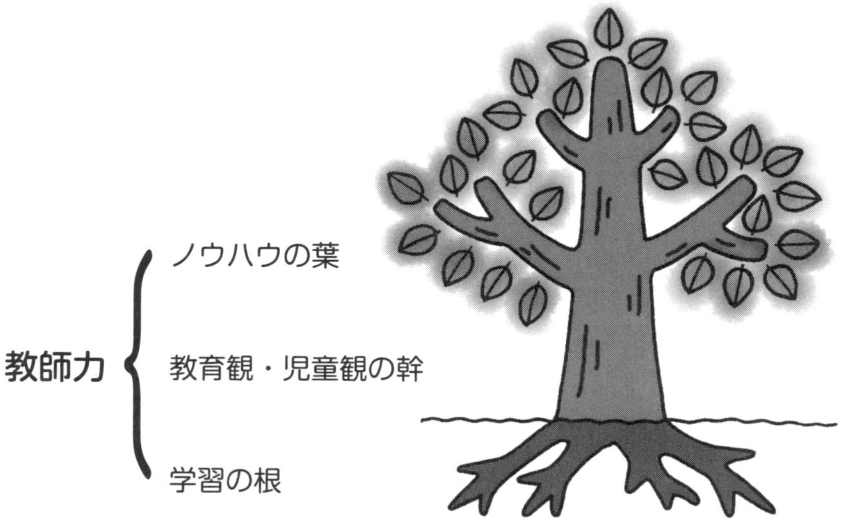

毎日の授業で子どもたちに発することば、あるいは黒板に書く文字や図、教材など、「いかにして」に当たるのが“ノウハウの葉”です。深く、広く、しっかり張った“学習の根っこ”が実践を支え、新しいノウハウを生みます。そしていちばん大切なのは、そうした根と葉の中心となる“幹”、つまり教育観・児童観を教師がしっかり持つことです。

教育観・児童観は、教師各自が「教育という仕事とは」「どんな子どもに育てるか」を日ごろ学び、仲間と共に職場や研究会などで確信を持てるものにしていくことが大切だと思います。

●子どもたちも教師も楽しいと感じる学校を

「教育困難時代」とも言われる現代の学校にあって、私たちの苦労も一段と大きくなっています。しかし、それを乗りきり、切り開いていくのも教育の力です。何よりも教師自身が日々、子どもたちと共に学ぶことの楽しさ・おもしろさを感じ、明るい表情で子どもたちの前に立つことが第一です。

●教師の三気——「やる気」「根気」「のん気」

とりわけ「のん気」は大切です。明るい楽天性を持って、子どもたちと日々接していきましょう。教師自身が体や心を壊さないように、仲間の力を寄せあって、お互いに学びつつ頑張りたいものです。

「教師って、ほんとによい仕事だなあ」と感じられ、生き甲斐の持てる仕事として、日々、教師にとっても楽しい学校になるよう努力したいものです。

奥田靖二

【編著者紹介】

奥田靖二（おくだ　やすじ）

元東京都八王子市立寺田小学校教諭
子どもの文化研究所所員　新しい絵の会会員

著書
『つまずき解消！クイック絵画上達法』
『つまずき解消！学級づくり上達法』
『[増補新装版] まるごと小学校学級担任 BOOK』１年生～６年生
『教室でできるクイックコミュニケーション手品』
（以上、いかだ社）
『学校イベント遊び・ゲーム集』全３巻（教育画劇）など

イラスト●今井亜美／上田泰子／桜木恵美
ブックデザイン●渡辺美知子デザイン室

学級遊びの教科書

2011 年４月１日　第１刷発行

編著者●奥田靖二 ©
発行人●新沼光太郎
発行所●株式会社いかだ社
〒 102-0072 東京都千代田区飯田橋 2-4-10 加島ビル
Tel.03-3234-5365　Fax.03-3234-5308
振替・00130-2-572993
印刷・製本　株式会社ミツワ

乱丁・落丁の場合はお取り換えいたします。
ISBN978-4-87051-325-9